経営を科学する
SCIENCE OF MANAGEMENT

大平 義隆

学文社

はじめに

1. 本書の目的1——日米の違いを形成するメカニズムを明確にする研究上の課題解決

　日本は，米国や英国やフランスやドイツなどの西欧諸国同様に，民主国家です。民主的憲法を持ち，民主的な政治制度をもっています。民主国家とくに米国は，多くの若い社会科学者にとってあこがれの国です。米国に，世界中から研究者が集まり，先端的な研究がなされていると思われ，わが国の多くの学者は多種多様の研究を米国から取り入れています。戦後，わが国の文化は変わりました。現在，和服を着て歩く男性は少なくなりました。畳に座れる人は激減し，コメの消費が減少しています。私の仕事には，デルのPC，アイホンとアイパッドが不可欠です。わが国は，政策的にも，米国寄りの国の一つになっているようです。

　一方，わが国はかつて米国の研究者から，会社の制度が日米で大きく違うことを指摘されました（この違いは，本書で，個人都合と全体都合の違いとして紹介します）。国内では，日米で仕事の仕方の違いが指摘されました。仕事範囲の限定と無限定，職務契約と所属契約，という違いの存在です。

　他には，民主化し人権が法的に保障された国であるにもかかわらず，自己決定がなされず（横並び），自己主張が避けられ（いじめ），疑問があっても言い出せません（無質問行動）。意見を聞かれると横に尋ね，皆に迷惑と休みをとれない（過重労働・過労死）など，個人合理的ではない行動が存在し続けています。

　これらの違いの存続の説明には，変化には時間がかかる，というものが考えられます。しかし，民主化からほぼ80年たっていることを考えてください。いつになったら変わるのでしょうか。むしろ，何か変わらない原因があるのではないか，と考えるべきではないでしょうか。

　本書では，何か変わらない原因があるのではないか，と仮定して，人間の行動を原点に立ち返り組み立てなおしました。

2. 本書の目的2——経営とは何か，利用方法は何か（良い経営とは，今何をすべきか），を示すこと

　私の勤務する大学には，経営学部と経済学部があります。進学担当の先生から，この2つの違いを問われることが多くあります。経営学（研究対象）とは，何でしょう。大学で経営学部を選んだ学生諸君の中には，この疑問をもった人が多かったのではないでしょうか。それに加え，経済学（研究対象）とは，何でしょう。さらにさかのぼり，これらが括られる，社会科学とは何でしょうか。この場合の社会とは何でしょう，科学とは何でしょう。

　現在，経営とは何かを明確にすることは，こうした周辺用語も，現実の妥当性をもって，定義していく必要があります。大学が研究の場であるならば，皆さんは本書とともに経営を研究することができるでしょう。

　本書では，企業の維持発展を日本では経営，米国ではマネジメントと呼んでいると理解しています。したがって，広い意味での経営を「企業の維持発展」と理解し，同時に，マネジメントとも同じであると考えておきます。しかしこの定義は，経済と経営の区別をする際に，狭い意味での経営を設定しなくてはいけなくなります。本書では，経営をこのように，広義と狭義で示していきます。そしてこの区別によって，日米差を明らかにすることが可能になります。

3. 本書の性質——仮説により成り立つ議論

　本書では，まず，2つの研究者を土台にしています。一つの研究者は，バーナード（C. I. Barnard）[1]です。もう一人は，レヴィン（K. Lewin）[2]です。バーナードは，他の米国の研究者と違う観点を持っています。本書では，彼の考えから，経済とは異なる視点を引き出しています。またレヴィンは，相互作用で我々意識，仲間意識が生じることを指摘しました。本書では，ここから，人が皆，欲求を2つもっていること，私の維持と我々の維持であることを想定しま

す。同時に，2つの欲求は緊張緩和に還元できると考えています。人は生命体としてさまざまな緊張を緩和する行動をとり生命を維持している，と考えるのです。バーナードは，レヴィン同様に，我々意識に注目します。会社という人の集団で生じる我々意識と会社そのものが一体になると，本来別物の会社目的を人は自己目的化する，とバーナードは経営者であったがゆえに，考えることができたのだと思います。

　これらの仮説は，基本的に必然性をもとに作られた仮説です。一人の研究者が「想定」したものにすぎません。しかしながら本書が，多くのすぐれた知能に好奇心を与えることになることを願っています。

4.　本書の始まり

　上述した，バーナードとレヴィンとの出会いは，私が見つけ出したわけではありません。私は早稲田大学社会科学部大平金一教授[3] のゼミで，教授の指導の下で，この2冊に出会いました。またこの本のいくつもの仮定の想定には，欧米の人間との集団行動の経験[4] という，学生時代の経験が役に立っています。

　教員となってからは，学生たちから，日本人のどこが変わり，どこが変わらないのか，教えられています。またネイティブの教員たち，留学生たち，北海道中小企業家同友会の経営者の皆さん，新潟県三条市と加茂市の経営塾の仲間たち[5] からきわめてたくさんのことを学び，育てられてきました。

　最後に，教員になりたてのころから励ましてくださった学文社の田中千津子社長には，特別の感謝を申し上げます。

注

1) 研究の中心は，C. I. バーナード (1968)『新訳　経営者の役割』ダイヤモンド社，を利用しています。

2) 研究の始まりは，K. レヴィン (1954)『社会的葛藤の解決』東京創元社，でした。

3) 私の父で，ゼミの指導教授である大平金一は，甲南大学の教員時代，京都大学の田杉競先生のところに内地留学し，バーナードに触れました。早稲田大学時代，ゼミの教科書として「経営者の役割」を使いました。

4) スイスでの3か月間の経験です。祖母（加藤タカ：元東京 YWCA 総幹事）は，

自らの同様の体験から私にこの機会を与えました。ここで学んだものは，「欧米では，勝手なことを言い合いながらも，相互に尊重し調和していること」です。わが国では，「調和するために自己主張を避けて調和」していきます。したがって，「欧米でも日本でも，集団では同じように調和を求めること，しかし主張をするしないに関しては，日本と欧米でま逆の状況である」ということです。

5) 1998年から2003年まで，私は，加茂市の新潟経営塾に勤めていました。この加茂市にあった中小企業の経営者の集まりである「寄 i 塾」という経営者塾に参加させてもらっていました。塾長であった故柳生田隆さんをはじめ多くの経営者に，「経営者は従業員×3倍に責任を持つ必要があること」を教えてもらいました。

2024年3月吉日

大平　義隆

目　次

第 **1** 章
経営とは何か

第1節　経営とは

1．経営の意味

　経営ということばは，世界中で，いろいろな人が使うため，多義的になっています。これでは，大学の講義での説明には向かないでしょう。そこで，経営の説明をする前に，どのような意味で使うのかを決めておく必要があります。決めることを「定義する」といいます（期末試験が大学にもありますが，そこでよく，「次の言葉を定義せよ」といった問題を私は出したことがあります）。

　さて，経営の定義ですが，この講義では，「会社（または企業）を維持運営すること」とします。

(1) ニュースでは，アップルの経営が危うくなることは今後あり得ない，とか，GE の経営者が退任したとか，経営は世界共通で使われています。こうした場合にも，この定義で問題ありません。

(2) これまでの経営学研究とも一致しています。

(3) 会社は，会社法で決められているもののどれかに該当しています。これらの法は，国が違っても，相互作用のため，おおむね似ています。

(4) 次に，うまく運営とは，会社を置かれた環境と調和させること，です。

(5) 「経営」は日本語ですが，会社の上手な運営を求めることは共通する，と考えるからです。

(6) ただし，この定義は，広義の定義，としておきましょう。狭義は後に説明します。

　この同じ意味を米国ではマネジメントと呼びます。マネジメントは経営管理，と呼ぶ場合が多いと思いますが，ここでは，ここで定義した経営と同じになる，と思ってください。

　私たちが行おうとしている経営の研究の始まりは，米国の科学的管理 (Scientific management) だといわれています。第二次世界大戦後，米国の影響力が増すにつれ，米国流のマネジメントの考えや方式が標準化されていったのです。この話は，後程くわしく致します。

2. 現在の日本の企業を取り巻く状況

　2019年施行の働き方改革は，初めて，はっきりした罰則 (たとえば，証券取引所に登録できる規則を変更し，米国型にしないと，登録を抹消する，というような説得など) をもって，行われた改革でした。ジョブ型雇用の推進 (大型会社保護)，ガバナンス改革の強化 (投資家保護) が主な中身だと思われます。

＝明確な変更点：下記の図の各自が，個別の目的のための手段として会社に関わることを選択し，雇用契約を行い，それに従って行動する，という型，すなわち米国型を目指しています。

＝製品，仕事の個別モジュール型

＝仕事の契約型

＝日本型経営の課題といわれたガラパゴス性と機能不全を米国型で解決へ。改良日本型ではありません。

＝個人の権利 (自律した決定，主張，選択など) が保障される ＝すべて自己責任

　・すべて自分で決める力・情報が必要

　・誰も代わりに決めてくれない。また，誰も守ってくれない。＝代行は有料

　・仕事は限定。能力の深さや高さ，新しさなどが評価される。＝能力は個人所有で自己投資

＝会社の権利が保護される

　・仕事の都合に合わせた解雇権

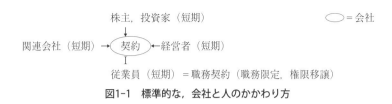

図1-1　標準的な，会社と人のかかわり方

　1945 年の敗戦後，民主主義国家となり，米国統治を経て国際社会に復帰し，1955 年から 19 年間続く高度経済成長を記録した日本は，この間アジアで初めてオリンピックを開催したり，世界最高速の新幹線を開通させ，経済復興をし，世界的に注目を浴びました。オイルショック以後も，先進諸国が伸び悩む中，低いながらも成長をし続けましたが，バブル経済を生み 1991 年にそれが崩壊します。その後，立て直しまで 20 年（各説あります）を要しました。この間，2つの大きな震災，金融危機が日本を襲い，財政は赤字国債に極端に依存するいびつな国家財政となっています。

・民主主義国家日本では，封建国家からの離脱が図られてきました。国家という大きな集団は，さまざまに細かく，重層的に分業がなされ，それぞれ相互作用を繰り返しています。わが国の場合，主な変更点は，法律の民主化，政治制度の民主化が中心でした（「民主主義」の研究は政治制度の研究ばかりで，それ以外は扱われてなかったのです）。

・戦後の成功で，日本の企業は注目を集めました。強さの原因として，他の先進国にはない，「日本的経営」とよばれる「三種の神器（年功序列制度，終身雇用，企業内組合）」の諸制度，に注目が集まりました。

・バブル崩壊は，政府の政策自体の米国化をもたらしました。それまで注目された日本的経営はバブル崩壊後，機能していないと指摘されるもの（特に年功序列制度は，年功での賃金上昇が停止し，また，業績とは関係なく年功で昇格が行われることへの批判が内部で多かったようです）が生じ批判の対象になりました。この日本的経営は封建的な，非標準的な制度とみなされ，**図1-1** のようなかかわり方への標準化の道が選択されます。これに沿って，さまざまな施策が行われましたが，日本企業は，従来型から米国型に変更する様子は

ありませんでした。

＝製品と仕事の進め方の，すり合わせ型

＝仕事の，所属型（一体）

＝自分で決められない，勝手なことがしにくい。

＝個人ではなく，集団全体の権利が優先します。

そのため，そこ（集団の責任者など）に，部下に対する責任があったはずです。ここが抜け落ちた社会になった，と思われます。

個人の仕事範囲は，すべてにわたるため，分担が終わっても，仕事は切ることができません。

会社の都合で，仕事の変更が行われます。定期異動，人事異動などです。個の対応が求められます。

＝個人の仕事は，求められたことを主体的に察し，仕事仲間との関係を気遣う，ことです。

個人の能力は，プロ（専門性）ではなくゼネラル（全般性），といわれています。

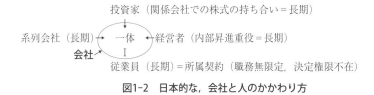

図1-2　日本的な，会社と人のかかわり方

📖 宿　　題

1）働き方改革について，要点をあげ，説明してください。

2）あなたが従業員になる場合，あげられた2つの従業員のどちらを選びますか。

職務限定型の場合はA，所属型の場合はB。

AかBで答えてください。

第2節　経済学と分業

1. 経済学とは

　経済学は，経済行為を研究対象にしています。この経済行為は，人間の生命維持に直結する交換を基にしているため，昔からあったと考えることができます。

　現代の経済学は，250年から300年前に，すでに存在している，複雑な経済行為に，規則的な法則を見つけだし，複雑な状況をコントロールするために登場したと思われます。アダム・スミス（Adam Smith, 1723-1790）の著書（『国富論』）のタイトルにあるように，少なくとも彼は，国家間の競争の中で，自国をどのように富ますことができるかといった主観的な目的をもっていたと思われます。

　経済行為＝<u>個人と個人①</u>の<u>便益の交換②</u>

2. 経済理論の特徴

	①	②
古典派	合理的（利己的）	分業，需要と供給，市場 神の見えざる手が価格を決定
新古典派（ミクロ）	合理的：対称性	満足度が価格を決める
新制度派	合理性：非対称性	
マルクス：資本主義批判	合理性	労資分離，格差拡大
近代理論（マクロ）	合理性	格差を政府介入で解決
新自由主義	合理性	介入は自由市場を破壊
ゲーム理論	合理性	複雑決定の理論化
行動経済学	合理性	非合理決定の理論化：プロスペクト理論（価格決定）

・神の見えざる手：人間による見えない相互作用のことで，相手の行動の調査や研究や工夫など。

・資本主義：ロストウ（Walt Whitman Rostow）の歴史観に従うと，近代国家は経済的成功を収める競争を行い，その中に，資本を集約する銀行の設立，生産物の販売と原料の輸送のための交通手段，そして何より，当時効率的だった大規模生産のための生産設備などへの資本投下，それによる工場制生産

がありました。

　問題は，国家としての経済成長は，この後労働者階級の低賃金過重労働を形成してしまったこと，資本家層の形成と，経済政策の調和の困難性の登場，があげられます。

　個人にとって，今ある現実が合理的であったとしても，見聞きする情報から格差が拡大を認識すると，自分を含めた全体（我々の社会）の不調和として認識するようになり，心的に緊張が生じ，この不調和を修正したいという欲求が生じるようになると思われます。最近のSDGsの取り組みや，学生が企業の社会性を重視する傾向があることなど，こうした欲求と関係しているようにも思えます。

　米国の二大政党の民主党（JFK，オバマが有名）は労働組合を基盤にしています。逆に共和党は白人の金持ちで保守的な国民を基盤にしています。日本では，かつて第2党だった社会党は労働組合を基盤にしていました。政治の世界でも二分割が生じていますが，これを調和させる現実は来ていません。

3. 分業と工場生産

・何か作業をしていて，より効率的にするにはどうしたらよいか，考える人とそうでない人がいます（考えない人はよく考えてください）。その場合，仕事を分解して，手順や工程を改善するか，道具を改善するか，が行われやすいです。人には改善能力がありますが，動因は，非効率に対する緊張の発生です。

・経済学での工夫の一つに分業があります。正確には，経済学者がみつけた，人々の経済活動の工夫，です。アダム・スミスは，作業場の分業と社会的分業の2つに分けました。作業場の分業とは，工場内で行われている作業を分担することです。社会的分業とは，職業を分担することです。一人でするよりも，より効率的だ，ということです。

・当時の社会は，個人の自律的な責任と，結果の所有権が重視され始めた時代です。工場でみんなで作ったと主張された場合，生産物の所有権はわからなくなります。そこで，契約が出てきます。どこからどこまでして，どの程度

のことをしたら，いくらいくらもらえる，という契約です。この考え方は日本にはありません。なぜかというと，個人が自律的に形成されていないため，自己主張が抑制されているからです。

・これは確認することができます。自分の将来の目標はこれで，これまでこの目標を達成するための準備をこれだけしてきて，今後はこれこれを具体的にする，といったことです。同時に，社会的課題に対する責任を感じているため，定期的に，これこれといった社会奉仕を行っています。このこれこれを埋めることができる場合，自律的な教育ができている，といえるかもしれません。

・さて，米国では南北戦争後，経済が大きく発展し，工場の大型化が進みます。そこで生じるのは，大型化と競争です。この大型化によって，新たな問題が生じます。

　1）効率的な方式の必要性：大量生産方式

　2）労使間の不信の解決策

📖 宿　　題

1）アダム・スミスは，純粋に国を富まそうと考えました。現代は複雑になってしまっています。皆さんは経済学と聞くと，何を富ますものだと考えますか，理由を書いて答えてください。

2）アダム・スミスのいうところの「分業」とはどんなものか調べてください。

第2章
集団とは何か

▎第1節　集団とは

1. 集団の意味

　経営と経済に続き，ここでは集団について定義します。それは，経営を説明するには，集団を理解する必要があるからです。人の生命維持は経済活動を必要とし，多くの場合好意的ではない環境下でのさまざまな工夫を必要としてきたものと思われます。その中には分業があり，ここで話す集団があります。

　集団の定義は経営以上に多岐にわたっています。集団は何かに起因して生じること，それが集団の目的であること，を前提に行われています。

　さて，経営を定義する際に用いた会社は，主に，集団を利用しています。法的に認められた，集団以外の経済主体は「個人事業主」というものです。集団に属さない場合と，属する場合がありますが，属さない場合には，集団を維持運営する広義の経営は必要ありません。しかし，個人事業主が集まって集団化し，その集団化した全体の責任（道義的責任）を背負っている場合，まさに経営者でしょう（会社の場合経営者は取締役になり法的な責任が課せられています）。

　集団は，目的をもって集まった人間の集まりをさします。この時の目的は，一つの共通した目的です。レストランに人が集まっていても，集団かどうかはわかりません。食事に来ている場合，社会共通の食事時に，個人個人の目的のためにそのレストランを利用しているだけですが，貸し切りの結婚式や，レストラン自体の経営会議などで人が集まっている場合を，集団と呼びましょう。この講義で使われる「集団」は，こういった意味をもっています。

　上述の，貸し切りの結婚式は，たぶん綿密に計画が立てられ，何度も打ち合わせが行われたことでしょう。でも，出席者の多くは隣の人との話に夢中になり，スピーチなど聞いていない場合も多くあります。結婚式のスピーチはやりたくない，という人を知っていますが，聞いてもらえない苦い経験があるそうです。たとえ一つの目的があったとしても，人は不安定な生き物なのです。これが競争相手の多い会社経営だったらどうでしょう。集団を利用するにはさまざまな工夫がいる，ということになりますが，そのためには，集団の性質を学ぶ必要がありそうです。

2. 集団の利用

　集団は，目的のために，人の力を利用する場合に用いられています。人の力を利用する場合には，他に，分業があります。また目的は，自分一人でも達成することができる場合があります。集団を利用しなくても，できることはいくらでもあります。

　〈集団と非集団的分業の違い〉

　(1) 同時性と非同時性：集団は同時性が分業より要求される。

　(2) 関係性と非関係性：集団は関係性が分業より重要になる。

　(3) 共通目的と非共通目的：非集団的な分業では，仕事の請負だけで，目的を共有する必要はない。

　次に，「人の力を利用する」という点です。上記した，集団と非集団的分業の違いを参考に見ていきましょう。会社員の場合，多くの場合，特定時間に特定の場所に，管理を容易にするための工夫として，固定されます。また，同時性によって生じる関係性（たとえば人間関係の付随など）を含めて契約をしていることになりそうです。

3. 集団内の関係

　このように，人が人と関係を形成する場合，どのようにすると考えるべきでしょうか。一つの考えが，経済理論です。人は，相互に合理的判断力をもって

いて，労働などの貢献を提供する（相手に利用される）ものと，対価を受け取る（相手を利用する）ものを比較したうえで，契約をする，ということです。

　必要なことは，①自らが合理的に判断できるようにしておくこと，②契約の考え方を身に着けておくこと，です。特に①は，成人するまでの間に，家庭，教育機関，を通して行われることになります。

　これには次の方法があります。これらは，小学生の教育から始まる特に北米系の教育者の教育目的であるようです。

　(1) 懐疑的姿勢を身につける（利用されていないか疑う）。

　(2) 自分で決め，主張できる（大人モデル）。

　(3) 自分自身の考え，価値を内在させる。

　(4) 社会に関心をもち，課題会解決ができる。

4. 集団の外との相互作用（会社の場合）

　集団は，外にも環境があります。そこには大小さまざまたくさんの集団があります。そうした集団とも相互作用をしながら今日に至っていると思われます。

　国家を集団とみなすと，ロシアとウクライナの関係は，民族的な関係の処理，またはエネルギー資源の所有問題の処理，の関係にみえます。米国中心の諸国は主にエネルギー問題，領域の拡張意識の問題処理にみえます。国家間では体制の影響を受けながら，それぞれの国家の目的のために，相互作用がなされています。

　集団の外側に関しては，経営学の中で注目されている「戦略論」からも，集団の相互作用を学ぶことができます。何かを決める際に，どのように考えて決めるかは，生死を左右します。その際に，有益な考え方を戦略論は教えてくれます。

　学園祭で，お好み焼きを売る場合には，競争上で気にすることは，同じような店がどの程度あり，どんなものがどのくらいの価格で出されているか，そのうえで，どうするか考えることでしょう。

既存の競合相手

しかし，これでは単純すぎて社会に出られません。ですから大学で学んでください。

戦略論の研究者のマイケル・ポーター（Michael Porter）は，次のように，5つの力が競争上で存在すると考えました。

もちろん，この5つには厳密な差はないともいえますが，ある程度注意すべき範囲を示してくれています。これは人間の認識力に限りがあるためで，科学，学問，研究，理論はその支えとなることがあります。

📖 宿　　題

1) 人間の「相互作用」について調べてみましょう。

2) 利己的という言葉は，自分にとって，悪い感じですか，よい感じですか。

　悪いは A，よいは B

第2節　人の相互作用

1.　2つの意識の発生：集団における相互作用の産物

物事にはプラスの面とマイナスの面があると仮定し，準備をすることが肝要です。マイナスを見逃さないようにするためです。これは，課題，といったりする場合もあります。

目的の達成のために人が集まるものを集団と称しています。集団を考える場

合には，目的達成の可能性を高めるプラス面以外に，問題となる面を考えておく必要があります。

　集団を考えるとは，集団形成の産物を考えることとしましょう。産物は以下のようなものを織り上げます。相互作用による緊張と緩和行動の発生，私や我々意識の発生，私と我々意識の対立の発生です。

(1) 相互作用による緊張と緩和行動の発生

　知らない人と出会うとき，だれもが緊張するでしょう。敵なのか味方なのか考えたり，信用できるのかどうか考えたり，そもそも面倒だと感じたりするものです。ですが，目的達成のための集団では，目的達成のために，積極的に緊張を緩和する工夫を考え出す必要が生じます。

　緊張の緩和の工夫として，出会う場面を例にすると分かりやすくなります。どこの国にもある例としては「挨拶」があります。これは相手の確認のときに用いられます。声を交わすとかなり多くの情報を交換できます。軍事施設では入構に際し「誰何（すいか）」を行います。会社でも，入構証の提示，ID確認，等を通し敵か味方か，信用確認を行います。セキュリティー会社は集団を維持するために付加的に必要となるものなのですね。集団が作られたとき，最初の緊張を解くのに，「自己紹介」が多く行われます。紹介するなかで，関係をもてる共通項を与え，また探し，仲間として関係を結ぶことで緊張を緩和するのかもしれません。しかし，この方法は自分をさらすことにもなります。ですから，万能の方法ではありません。

(2) 私や我々意識の発生

　私という意識は，自分一人では生じることはなく，人と人の相互作用の中ではっきりしてくるものといわれます。私は一人である場合が多いのですが，我々はそうではありません。ドイツの心理学者だったクルト・レヴィン（Kurt Lewin）は，集団で一定期間の相互作用の結果，人はその集団に我々意識を感じる（形成する），といいました。集団の緊張はうまくやろうという方向で緩和されやすいと思われます。どこの国にも，我々という言葉があり，家族，近所の友人，小学校の友達，大学の友達，バイト仲間，ゲーム仲間など，その集団

の一員でいる場合，我々意識をもっているでしょう。また，会ったことのない人でも我々意識を構成する場合があります。東京で出会った同郷の人，海外で出会った同じ国の人であった場合など共通項を利用する場合があります。サッカーワールドカップの日韓合同開催の時，私は韓国の蔚山大学で，仲良くなった先生方と大学の中でテレビ観戦をしていました。不思議です，日本が登場すると，私と仲間の韓国の先生方は日本を応援します。逆に，韓国が登場すると私は皆と同じく韓国を応援していました。この時の日本や韓国は，「我々の国」になっていたと考えることができますね。とても幸せな時間を体験しました。

それ以外を考えると，おおよそ，すべての国（30％程度確認で推定）において，私以外に，我々という表現が存在しています。このことからも，私意識以外に我々が意識され存在していると考えることができます。

ここで注意すべきことがあります。私という意識と肉体としての私は一致することができますが，我々という意識はその時その時で異なり，実態は不明確です。また，我々意識は，その集団の成員に共通したものかといえばそうではないようです。我々意識の強さは，成員によって異なると思います。同じ人でも，大事さの順位があるのではないでしょうか。それでもなお，我々という意識を形成し，大切に感じるものと思われると，いうことができるでしょう。

(3) 私と我々意識の対立の発生

経験として思い出してください。私は親として，皆さんは子供としてです。私という意識をもつ人間と我々という意識をもつ人間は同じ人間です。同じ人間ですから，時間の使い方は一人分しかありません。

親としての経験ですが，子供が生まれると，車などを使い，いろいろなところを旅して回り始めます。両親はいろいろな計画を立て，子供を喜ばそうとします。家族一体となって行動していきます。でもよくいわれる言葉があります。「親のいうことを聞いてくれるのは小さいときだけだよ」，です。子供は，大きくなると，めんどくさい，とか，行きたくない，とか言い出します。だんだん家族のため，の効力が薄れてきます。変わって自分の時間が幅を利かせてきます。それでも親たちは家族キャンプをあきらめてはいません。いろいろインセ

ンティブを与え家族のルールに従うように画策します。

　このように，私と我々という 2 つの意識の対立は，集団において大きな脅威になります。したがって，集団では私と我々の対立による緊張を緩和するために，対策が取られることが多いのです。「サークル内恋愛禁止」とか「皆に迷惑をかけない」や「働きすぎない，働かなさすぎない，いいつけない，お節介しない (ホーソン実験)」などです。

　国家レベルで考えてみましょう。集団では約束が，一族ではおきてが，国レベルでは法律によって秩序を守っています。家族レベルでは，ある時は個人を重視し，ある時は全体を重視するなどあっても問題はありません。しかし国家レベルだと，それは混乱をもたらすことになります。そこで，どちらか一方を取ることになります。人間の歴史では，宗教支配，統治者支配による封建国家が長らく続いたようです。その後，16 世紀，マルティン・ルターによってはじめられた宗教改革から，数百年を経て，民主主義国家が登場してきます。

　わが国は 1945 年まで大日本帝国憲法のもとにあり，封建的な国家でした。封建国家とは，上下の関係をもとにし，下は上に従う，というものです。他方，日本国憲法では，上下関係はなく，平等がうたわれ，主権という言葉が出てきます。つまり，考えずに従っていなくてはいけなかった世界は消え去り，自分で決めて自分で責任を負う世界に変わっていきました。

2．2 つの意識を維持する力

　集団では，私と我々の意識が生じます。1945 年の敗戦後，わが国は戦勝国の米国にさまざまな価値を依存していきます。私は大学でロックフェラー財団が寄付した図書 (先のクルト・レヴィンの著書) で学びました。その後，多くの先輩教員の書物から学びました。現在わが国にみられる社会科学系の業績のほとんどが，民主主義国，すなわち個人を優先する国の，個を優先する行動を前提にした研究によってなされています。

　したがって，人間の行動を説明する際に用いられる欲求に関する欲求理論は，少なくとも日本で紹介されているものに関しては，私意識や私を守るもの (マ

ズローなど内容理論），私自身が合理的に考え自分を守るもの（期待理論など過程
理論），でできているように思われます。

　このように，日本で紹介されている欲求理論には，我々を守る欲求の研究は
ありません。あるべきはずのものが，いまだに研究されないままになっています。
「自分を犠牲にして我々（皆）を守る」という欲求は，過労死，過重労働の原因
調査で明らかになった「皆に迷惑がかかる」と同様のものでしょう。現代でも，
有給休暇取得率，日本は高くありません。先進国では低い方です。この原因は，
過労死，過重労働と同じ，皆に迷惑がかかる，からです。なぜ，このようなこ
とが，連続して，継続して起きているのか，これから学んでいきましょう。

　また，皆の為というメンタリティーが継続的に形成されているとすると，封
建的要素が残存していることになります。戦後，民主化の努力がなされ，封建
遺制は制度的には少なくなっていったようです。しかし，現実的には，個人個
人が自律的に判断し行動できるメンタリティーとは逆のものが形成され続けて
いるようです。なぜこうなるのか，同時に学んでいきましょう。

3. 働く場面の構造
（1）仕事の仕方と人間の関係

　分業は目的の細分化で，一つの仕事を細かい工程に分け，一人ではできない
ことを複数で行うことで，達成しようとするものです。

　2019年の働き方改革は，それまで「標準型」ではなかった日本の仕事の仕
方を標準化するもの，米国化するものだといえます。特徴的な日米の「仕事の
仕方」の違いはこれまで多く研究されてきています。ここでは，藤本隆宏，三
戸公，鶴光太郎，大平義隆の研究を取り上げて表にしました[1]。詳しくは後述
されますが，気になる人は調べてみましょう。

　繰り返しますが，2019年に働き方改革関連法（働き方改革を推進するための関
係法律の整備に関する法律）が施行されました。この法律は，日本の年功型の働
き方から米国のジョブ型の働き方への変更が意図されており，これまでの日本
の仕事の仕方を大きく変える法律ともいえそうです。

表2-1　日米仕事の仕方の違い

〈仕事の仕方：特徴〉	日　　本	米　　国
藤本隆宏	すり合わせ型	モジュール型
鶴光太郎	メンバーシップ型・年功型	ジョブ型（標準型）
三戸　公	所属契約型	職務契約型
〈仕事の仕方〉		
大平義隆	皆で協力して結果を出し責任を取る	自分の判断とその結果に対し自分で責任を取る

〈人の関係：一方優先〉	日　　本	米　　国
大平義隆	我々優先（全体優先）	私優先（個優先）

　仕事の仕方とは，人間の場合，物事の決め方です。この，物事の決め方は日米では違っているようです（**表2-1**）。分業という概念は同じでも，私と我々どちらを優先する関係を持つかで異なっています。こうしたわけで，仕事の仕方は，人の関係によって規定されている，ということができます。

仕事の仕方
人の関係

📖 **宿　　題**

1）我々意識を考えてください。どのくらいありますか，主なものをあげてください。
2）我々意識のメリット，デメリットを自分なりに考えてください。
3）封建遺制とはどんなものか調べてください。

第 3 節　行動の基礎構造としての緊張緩和

1．わが国の封建離脱

　この本は，経営を学ぶために作られています。ここまで経営を集団である会社の維持発展と考えてきました。集団の構成員も経営者も人であるため，経営の理解には人の行動の理解が必要です。我が国における社会科学の研究の多く

では，人の行動を合理的な行動と定義しています。この原因は，経済学の定義がそうであること，社会学の主流であるマックス・ウェーバー (Max Weber) の定義がそうであること，多くの文献からみて民主的な方向と一致し米国の社会科学の方向と一致すること，敗戦国日本は研究面で米国に依存していること，米国が政治経済文化と幅広く影響力をもつ国になっていること，からだと考えることができます。

　日本は敗戦と同時に封建（この場合，民主の反対に封建を置いています）を離脱することになりました。民主主義を掲げた米国を中心とする連合国に負けたからです（ドイツも同じ年に降伏していますが，日本以上に封建的だったといわれています）。敗戦後の連合国軍最高司令官総司令部【GHQ】の民主化には，憲法など法律のほか，民主化の五大改革，経済政策の変更などがありました。五大改革は次のようです。婦人解放：婦人参政権承認，男女20歳以上に選挙権付与。労働組合の結成奨励。教育の自由主義化：平和主義と民主主義を基調の教育基本法制定，男女共学などの学校教育法の制定，教育委員会設置。専制政治の廃止。経済制度の民主化，でした。経済政策に関しては，財閥解体：三井，三菱，住友，安田の四大財閥の持ち株処分，と農地解放：小作地保有の制限，でした。

　日本が軍国主義をとったのは，明治以降の近代化の中で残ってしまった封建遺制によるものと考えられ，GHQ は民主化のために封建遺制の破壊をしていったものと思われます。つまり，日本人は制度的に抑圧されていたので，制度を変更することによって，人の中の自律性がいきてきて，国の民主化が進むもの，と考えられていたのでしょう。人間の行動は，先天的に自律的だと思われていたようです。

　ところが，敗戦後80年近くなろうとしている現在，わが国において自律的な行動を国民がとっているのかといえば，そのようにはなってこなかったように思われます。現在日本社会では変わらず自律性を意味する言葉，自己主張，利己的行動，勝手な行動，などを悪い意味でとっています。80年近く前に意図された方向とは，逆の方向を向いているように思えます。

　経営は人を通して業績を上げねばなりません。経営学は他の学問に比べ，少

し厄介な部分も研究対象にしなくてはいけなかったのです。

2.　個人合理性への疑義

　経済学の基本的人間仮説は，古典派の全知全能であれ，新制度派の限定合理性であれ，現代の新自由主義であれ，機会主義的で利己的行動が合理的行動でした。経済活動が，個と個の交換のため，公正な交換を保障する法体系も，同様となります。この考え方は，宗教改革以後の西洋哲学に一致すると思われます。あわせて，我が国における社会科学全般の研究姿勢が方法論的個人主義であることも，付け加えておきます。この姿勢は，日本人の，一見変わった行動も，個人的合理性で説明ができる，というものです。

　そこで，次の2つの社会問題（数が多く連続している問題：過労死，横並び）といわれた現象を例にあげて，ここでの立場である，個人合理性への疑義を述べ，さらに深い層からの議論が必要であることを述べましょう。

　さて，過労死の話です。過労は，過重労働の先にあるようです。過重労働は有給休暇の不取得とも関係します。会社への不満は古くから，休みと賃金が，どこの国でも多く出てきます。解決策は，有給休暇はしっかりとる，賃金の低さは転職で解決する，といったことです。ところが，わが国では不満は高いものの，有給休暇の取得率と，転職の割合が先進国の中で低いといわれてきました。

　日本のなぜに応えるものには次のものがあります。給与が低いので残業代で稼ごうとしている，というものです。ほかには，病気や忌引きに使うために残しているとか，働く人数が少ないので休むと皆に迷惑がかかる，というものです。確かに合理的なように聞こえます。それで過労死を持ち出します。日本人は個人合理的に死を選択するのか，ということです。そのようなことはないと思います。

　かつて過労死が多くの話題になったころ，酒の肴にもなるくらい当たり前のことと受け取られていました。おそろしいはなしです。どこも率先して，根底から問題を解決しようとする会社は，私の記憶ではありませんでした。銀行員，

保険の外交，高校の先生などに多かったようです。私の友人は都市銀行（現在のメガバンク）のコンピューターを管理していましたが，よく「死んじゃうよ」と言っていました。当時私が私立大学の OB 会組織にアンケート調査をしました。過労死を自ら感じることはあるか，なぜ感じるまで働くのか，この 2 つを聞いています。前者は 80％が感じると答え，後者は 90％皆に迷惑がかかるからだ，と答えました。利己的な判断ではありません。皆，即ち我々，全体を判断基準にしていたのです。

　次に横並びです。これも合理的行動と述べる人が多いと思います。ですが，日本経済新聞の調査では長らく企業の変更したいものの上位に入っています。合理的ならば，問題行動に掲げられることはありません。製品の差別化ではなく似通ってしまえば競争力は落ちてしまいます。昔，カーナビメーカーの一つのパイオニアを見学しました。工場長は，「新しい工夫やアイディアは，すぐにまねされてしまう」，と嘆いていました。かつて，トヨタ自動車は春闘に際して，「皆トヨタを見ています。我々が決めないと皆が決まらないのです」と言っていました。この現象は多くの業界で生じていたようです。重工関係では，三菱重工が決まらないと他が決まりませんでした。

　このメンタリティーは，利己性の個を優先とするものとは逆に，我々，皆の全体を優先するものです。2 つのメンタリティーが同時に存在しているのです。つまり後から作られたもの，後天的なものなのです。したがって，いまだ見出されていない，後天性を支えるメカニズム，があることになります。即ち，優先するものが，私である個と，我々である全体とに，分かれた結果がこのメンタリティーと考えることができます。どのような構造になっているのか覗いてみましょう。

3. 必然性としての緊張と緩和

　先に述べたように，私＝個，我々＝全体が，どこで分かれるのか，なぜ分かれるのでしょう。それに加えて，なぜ継続しているのでしょうか，何が継続させているのでしょうか，これらを先に述べた「緊張と緩和」という生命体の基

本で必然的な原理で説明をすることで，その正当性があることを示すことにします。日米を比較して説明するのは4章に回し，ここでは基本的な原理だけを説明しましょう。

　人の行動をここでは，**表2-2**のように，緊張と緩和で解釈できると考えています。緊張と緩和自体が必然性を持つため，一貫した説明が可能であることは必然性をもちうることとなり，説明の正当性が担保されたことになると考えます。

表2-2　緊張と緩和の考え方

1	〈人の動力源〉 生命維持（緊張と緩和）が必然 相互作用（緊張と緩和）が必然 私と我々意識（緊張と緩和）創造が必然
2	〈人の選択〉 集団の利用（緊張と緩和）が必然 集団内安定（緊張と緩和）が必然 集団内ルール：一方優先（緊張と緩和）が必然
3	〈集団の行動・形成〉 一方優先の形成（緊張と緩和）が必然 　＝判断機会の付与と剥奪（緊張と緩和）が必然 　＝価値形成（緊張と緩和）が必然
4	〈集団の調和〉 一方優先による他方抑制（緊張と緩和）が必然 他方抑制による不満の解消（緊張と緩和）が必然
5	〈集団の継続〉 連鎖構造：挨拶による相手の確認（緊張と緩和）が必然 　　　　＝価値参照先の確認 循環構造：親子循環（緊張と緩和）が必然
6	〈集団の安定〉 経済行為の安定手段工夫（緊張と緩和）が必然 　経済活動の混乱を避ける工夫＝法律 　事前に混乱を避ける工夫＝保育・教育 　法律の執行の工夫＝行政 　工夫を促進する工夫＝知育 ＊集団が安定して存続すると，相互作用が頻繁になり強化されるため，集団の緊張と緩和の工夫は安定してきます。侵略，戦争などで文化は破壊されがちです。文化が残っているのは，国家や部族が維持されてきたからです。

　緊張緩和（TR）1から4は，単一の個人から集団までの行動に関する説明を行い，5と6で，行動が継続するメカニズムの説明をします。

📖 **宿　　題**

機会主義を調べてください。

春闘に関して調べてください。

自己主張に関して質問です。あなたはどちらのタイプか，AかBで答えてください。

A　自己主張を身につけているし，日々主張している。

B　自己主張は避けているし，できない雰囲気だと思っている。

▌第4節　集団の緊張緩和

1. 集団の緊張緩和の意味

　集団の緊張緩和とは，集団に集う人々の相互作用で生じる緊張を緩和させることをいいます。人々が相互作用をすると，必然的に緊張が生じ，皆，この緊張を緩和する欲求を必然的に生じる，つまり，緩和されないと例えば不満というかたちで残ってしまう，という考えかたです。

　この集団の緊張緩和の力の関係を，ここでは，自然に生じる等質化圧力と，どこの国にもある人為的な，社会制度作成，を取り上げ，説明しましょう。

（1）等質化圧力：自然の相互作用，違うものへの反応

　　＝違うもので緊張するのでそれへの対応

　　＝いじめ，冷笑，「バカ」「大人」

　等質化圧力は，同調圧力のことで，Peer Pressure，といわれるものです。これは集団内における相互作用で生じる緊張を緩和しようとする人間の必然的な行動です。

　これはさまざまな形で生じています。各国に「いじめ」が存在しているようですが，このいじめの暴力的行動以外に，「皆と異なる行動」をするものに対

する攻撃があることに気が付きます。

　これは，北海学園大学の学生に2019年から連続して調査してわかったことです。わかったことは，異なる行動への攻撃を感じることです。これは英国にも存在しているので，どこの国にもあると思われます。ほかに，「笑い，冷笑」があります。「異なる行動」への修正方法の攻撃性の低いものがこの「笑い」だとおもいます。また「バカ」という相手への意思表示もどこの国にもありそうです。この「バカ」という表現を相手に使うことは，皆と異なる行動をとることを抑止するための社会的な工夫みとみることができます。逆の場合は「大人」という表現を相手に使う場合でしょう。いじめも冷笑もバカも大人もこれらはすべて緊張緩和の工夫ということができるでしょう。こうした研究はほとんどされていません。

　1）違い，異なる文化（行動様式）

　ここでいう緊張緩和の基本は違いです。違いを修正し同質化することで集団内部では，緊張を緩和させることができるでしょう。

　異質性を排除した場合，外的環境は異質になることが予想される場合があります。すると，内的同質化は，必然的に外的な緊張緩和を必要とすることになるわけです。文化とは異なることを意味し，その異なりは，このように生じてきたと考えることができます。

　2）文化に共通する違い

　集団には文化があり，緊張を緩和する結果生じたものであることがわかってきました。文化の違いは，ホフステッド[2]の研究が有名ですが，彼の研究には緊張緩和の概念が欠落しているため，個と全体の一方優先の選択，が存在しません。つまり，さまざまに異なる文化は，大きく2つに分類できるのです。個を優先する文化か，全体を優先する文化か，です。

　3）文化から社会へ

　文化という言葉を行動様式と定義しておきました。この行動様式をもった人たちは，自分たちの生活様式などを創造し続けてきました。これらは，個を優先するのか全体を優先するのか，どちらか一方を優先しています。どちらかを

優先することは，人間行動の最も底の部分での分岐になります。したがって，人が作り出すあらゆるものの性質を決めてくることになるため，優先先の変更は容易ではないことを理解してください。

レヴィン[3] は，米国は個々バラバラであることで等質化し，（戦前の）ドイツは同じであることで等質化している，と述べていますが，その通りだと思います。

(2) 社会的制度

制度とは，人の行動を，集団の相互作用の緊張緩和のために，制約するものです。この制約には，「約束」「決まり」「法律」などがあり，制約の強さが違ってきます。法律にも，罰則のあるものとないものでは大きく違います。また，約束を守ること，すなわち責任，信頼，信用の重要性を大事にする行動をとる人が多いかどうかによって国や会社や集団は変わってきます。

したがって，安定した国家には，経済を安定化すること以外に，法律があり，それを執行する行政があり，法律と行政を安定させる政治があり，人の行動を安定させる教育が存在しています。この場合重要なのは，さまざまな社会制度が，最も基本的な要素で一貫しているかどうか，ということです。すなわち，個か全体かどちらかの一方優先，で一貫しているかどうかです。

2. 一方優先による緊張と，緩和の欲求の発生

繰り返しになりますが，ここでは，現実の人間が，2つの欲求をもっている，ということです。人間の生命維持活動のための人と人の相互作用から生じる私という意識と我々という意識の，この2つの私と我々意識を維持しようとする欲求のことです。さらに人間の緊張緩和により，一方を優先することになり，他方を抑制する結果に至ります。しかし，他方を抑制することによる緊張の発生は必然，と考えることができます。

(1) 一方優先他方尊重

そこで，個か全体のどちらかを選択した場合でも，他方を無視すると緊張が生じると思われるため，よい会社などは，一方を優先しても，他方抑制で緊張を生じさせないための工夫をしているはずです。その工夫を，他方尊重，と表

一方優先

	個優先	全体優先
教育・関係	個を守る	全体を守る[1]
政策・法律	個を守る	全体を守る[2]
働き方	個を守る：職務限定型	全体を守る：無限定[3]

他方尊重

	（個優先）全体尊重 ＝【個が全体を尊重】	（全体優先）個尊重 【全体が個を尊重】
教育	小学校で社会性教育・訓練	経営者間の伝承で，従業員保護教育
具体的方法	チーム制度等で我々を意識させ視点を持たせる また，個別契約での満足を保証する ➡決定時に修正	経営者の考えと行動の一致[4] 大型企業では，制度化

注1) 社会的能力は「察しと気働き」。察しは，今何が求められているか，を積極的に探る能力。
　2) 2019年以前は，過労死の労災不認定，株主代表訴訟の法律修正放置，教育の封建的性格修正放置，2019年の法律改正も大企業優先【リストラ法案】，……
　3) 会社の環境適合のため，従業員は柔軟性を求められ，少ない人数，仕事の異動，60歳定年，低い賃金が多い。
　4)「会社の為だ」「皆の会社だ」という考えや発言と，実際に個を守る行動をする，という一致のこと。

現することにしています。

（2）よい会社

　ここでいうよい会社は論理的にいえるよい会社のことです。「一方優先他方尊重」で，緊張緩和の観点から調和が得られ，働く現場の緊張を減少させることになると思われます。

　しかし，個々別々の人間が存在しているため，彼らが何をどう満足するか，不満に感じるのかは違っているだろうし，その場その場で変わってくることになるので，よい会社とは現実的には表現することはできないと思われます。

　それでもなお，よい会社と思われたり，よい経営者と思われる場合があります。2022年8月に亡くなられた稲盛和夫さんのことを，たくさんの人が尊敬していました。よい経営者だと信じていました。私の師匠は新潟にいます。一人はなくなり，一人はご隠居さんです。彼らから，従業員を守ることが経営者の一番の仕事だと教わりました。彼らは，この考えを経営者の後輩に伝承して

いっています。

　そうです。よい経営者は，いつまでも生きているわけではありません。よい会社はいつまでも続くわけではありません。すると，ここでは扱っていない，よい経営者の伝承，が研究されなくてはいけません。この講義は，そのことをはたすためにやっているのです。

📖 **宿　　題**

いじめに関して答えてください。
　①学校でいじめの雰囲気を感じましたか？　　　　　ハイは A，イイエは B
　②その際とった対策の一つに，目立たない，はありましたか？
　　　　　　　　　　　　　　　　　　　　　　　　　ハイは A，イイエは B

注

　1）藤本隆宏の「すり合わせ，モジュール型」に関しては，藤本隆宏，延岡健太郎（2003）「日本の得意産業とは何か：アーキテクチャと組織能力の相性」『RIETI Discussion Paper Series』04-J-040 と藤本隆宏（2004）『日本のもの造り哲学』日本経済新聞出版を参考にしました。三戸公の「所属型，契約型」に関しては，三戸公（1991）『家の論理1』文眞堂，を参考にしました。鶴光太郎の「非標準型・非職務給型，標準型・職務給型」に関しては，規制改革会議（2013）「雇用ワーキング・グループ報告書」を参考にしました。
　2）ギャート・ホフステッド著　万成博・安藤文四郎監訳（1984）『経営文化の国際比較』産業能率大学出版部。
　3）クルト・レヴィン著　末永俊郎訳（1954）『社会的葛藤の解決』東京創元社。

第**3**章
経営学（マネジメント）の 始まり

　米国では，南北戦争で商工業を産業とする北軍が勝利し国家が安定した後，工業化が急速に高まり，会社規模は拡大し，会社の維持発展の課題が生じてきます。この会社の維持発展的な行為は，マネジメントと呼ばれました。

　このマネジメントという言葉は，日本で経営と訳されることが多いのです。ここでは，米国の研究に沿ってマネジメントを学んでいきます。

第1節　米国の工業化の始まり

1．社会の安定

　19世紀後半，米国は，南北戦争（1961年から1965年）を経て連邦国家として安定し，商工業の盛んだった北軍の勝利により，工業力を高めていきます。南北戦争前では，米国南部大農家による英仏の三角貿易を利用した大量の黒人奴隷の購入と，奴隷制に反対する自由平等の精神が同時に存在していました。産業として奴隷制綿花プランテーションを中心に大農家で奴隷を資産として大量に用いていた南部（アメリカ連合国）と，商工業を中心にして，奴隷制に反対する北部（アメリカ合衆国）との間で衝突が生じ，内戦（Civil War，南北戦争）になり，リンカーン率いる北部が勝利したことは皆さんご存じでしょう。

　英国の，産業革命後，モノづくりの世界は機械化と工場制生産を利用し規模の拡大が目指されていました。米国では，南北戦争が終結したことで生じた社会的安定から市場が拡大します。そしてみなこの市場の獲得争いに興じ，主に拡大する市場を独占するために，効率を高めるための手段としての企業の大型

化がすすめられていました。量産化ともいわれています。産業にはいろいろありますが，なかでも機械工業，電化製品や車などの製造には，考えつくだけでも広い土地，工場施設，製造機械，原料・部品，製品倉庫，運搬設備，そのほかのインフラ（道路，電気，水道），それに大量の労働者や管理者など人にかかる大きな投資が必要となることがわかります。

工業力はその国の力を示す場合もあります。だから戦争になるとまず狙われます。こうした設備投資は大きなリスクをともなうということです。投資のタイミングを間違うと大きな損失を招きます。したがって，現在でも当時でも，いつ社会が安定するのか，いつ景気が持ち直すのか，気になるところでしょう。

さて，機械化の話に戻ると，当時の機械化は，現代のような人手を必要としないような自動化技術はまだ生まれていません。機械を使う人間が重要な役割を果たしていました。後述するように，当時は，熟練技能は持たないものの，安価で大量に存在する移民が続々と海を渡ってきたので，仕事の仕方は，熟練を必要としないほど，細分化され単純化されていました。機械もさまざまな仕事ができる機械ではない単一の仕事だけできる単能機と呼ばれるものが使われていました（猿谷要（1991）『物語アメリカの歴史　超大国の行方』中公新書）。

2.　新移民の流入と新移民に合わせた機械化の発展

労働力不足と移民労働：米国は移民の国といわれています。日本でいえば，北海道に似ています。米国の人口は，1880年代に増大します。増加は年間50万人，1905年には100万人を超えていたようです。この時期の移民の90％はヨーロッパ諸国からの移民で，かれらは新移民と呼ばれています。さらに早い時代に，スカンジナビア，ドイツ，アイルランド，イギリスなどから米国に移り住んだ旧移民に対し，新移民はイタリア，スロバキア，クロアチア，スロヴェニア，マジャール人たちで主に農村出身者が多くいたといわれています。彼らは米国南部の内陸の農業従事者とはならず，沿岸部の工場で低賃金ではあるが農業従事者より高額な仕事に従事することとなりました。企業規模拡大を狙っていた会社側からすると，技術面がクリアーできれば，きわめて豊かな人的

資源を獲得したということになるのです。彼らの数は，1890年代には，東部の主要産業では過半数を占めるようになっていました。米国は人種の坩堝（るつぼ）になっていきます。

このような工業的な技術をもたないが，安く使える人材を利用するには，仕事そのものを単純化することがあげられます。先に述べた，人に仕事を合わせる，です。仕事を単純化することで，仕事に慣れる時間，すなわち熟練する時間が短縮されます。また高度な熟練は機械化することで機械に熟練を移転することもできました。仕事の単純化は細分化でなされますが，ひとまとまりの仕事として細分化することが必要です。仕事にも切れ目があるのです。次に，工作のための機械も，人に機械が合わせられ，「万能」の機械ではなく「単能」の機械が工夫されました。こうして，仕事を労働者に合わせることに成功していきます。この段階では，単純化と専門化が利用されています。

また，評価も単純化することが考えられます。結果給です。プロセスのやり取りを省き，結果だけで評価する，というものです。このやり方は，個人の判断で物事を決定し評価される点で，個人主義や民主主義の考えに一致し，受け入れやすいものでしょう。できなかった場合，契約不履行で，解雇される場合があるでしょう。

解雇は簡単にできません。不当解雇で訴訟が起きる場合があります。したがって，明確な契約が用意されます。職務明細書を作成したうえでの契約，です。仕事が限定され，期待される水準が数値で明記されると，結果によって人を評価することができます。また，どのように評価されるかは，自分でもわかります。個人の成果の評価以外で解雇される場合があります。経営の判断ミスや，景気の悪化の影響などで，会社がリストラを行う場合です。この場合「後入れ先出し」方式が使われています。リストラの規模が予想されると，リストラの範囲が自分に及ぶかどうかわかる，といわれます。

激しい市場獲得競争で生じる経済的不安定下の資本家の行動に対してAFL（米国労働総同盟）が創設されました。当時の米国社会は，社会的には安定はしたものの，経済的な発展速度が早すぎ，恐慌を繰り返していました。企業家たち

は，競争相手を買収し独占企業化する方向でしのぎを削っていました。競争が
激しくなる中で，しわ寄せは弱い立場の労働者へと向くことになりました。こ
の結果，労働運動が生じ，1881 年に AFL が創設され，結果的に企業家にとっ
ては大きな課題となっていきます（古川順一（1985）「伝統的組織論」車戸實編『経
営組織論』八千代出版）。

3. 能率増進運動

　こうした働く現場では，いくつかの問題がありました。会社の経営をする人
間は，生産現場にあまり関わらなかったようです。生産現場では，徒弟を抱え
る親方に管理を任せる内部請負制度がおこなわれていたからです。この結果，
親方ごとに仕事がすすめられ，賃金が決められていた，ということです。仕事
の仕方も弟子は親方から習ったものをそのまま受け継いでいくことになり，き
わめて主観的で，工場全体とするとバラバラな状態にあったようです。

　雇用する側の，賃金を決める基準も，労働者が一日一生懸命働いたことへの
対価，というものでした。当時は出来高払いが用いられていましたが，企業間
の競争が激化してくると，コスト削減の意識が働きました。この結果，労働者
が頑張って高い成果を上げると，経営者が賃率を一方的に引き下げる，という
ことが頻繁に起こってきました。労働者にすると，「仕事で成果を上げても損
になる」と考え，わざと怠けるようにしました。資本家は逆に，頑張れるとい
うことは今までサボっていたと考え，労働者に騙されていたと思うようになっ
たのかもしれません。この結果，労使は相互に不信を深くもつようになったと
思われます。米国で経営学，マネジメントが登場するのは，こうした行き詰ま
った状況だったのです。

　第 2 節で取り上げるテイラーは，まさにこうした現場で働いており，かつ調
整をしなくてはならないという使命感をもつようになっていたと考えるべきで
しょう。

📖 宿　　題

南北戦争当時の，世界の状況を調べてください。

第2節　科学的マネジメント：テイラー主義誕生

　企業経営に関連して，マネジメントという言葉が登場するのは，テイラー（Frederick Winslow Taylor）の科学的マネジメントが初めてです。経営学では，テキストを見ると，多くの研究者がマネジメントの学習をテイラーから始めています。この講義でも，先人の知恵（経営学史学会（2112）『経営学史事典』文眞堂等）に依拠して話をしていきます。

1. F.W. テイラー（1856-1915）

　既に述べたように，南北戦争で北軍が勝利し奴隷制度が米国で廃止される9年前に，北部フィラデルフィアの，奴隷制に反対する極めて裕福なクエーカー教徒の家に生まれました。フランスなど海外での教育を受け，米国に戻り，ハーバードを卒業し弁護士になる夢のための猛勉強の結果，目の病気にかかり，目指してきた道を断念します。その後，徒弟として働き，1878年ミッドベール・スティール社に未熟練工で就職し，その後機械工になり，主任技師へとたった6年間で瞬く間に出世したようです。彼はそこで，工員の組織的怠業と戦うことになりました（上野陽一（1920）「テイラーと後継者ギルブレイス」『心理研究』第17巻通算100号）。

　テイラーが残したアイディアの多くは，ほぼこの時期に作られたものと考えられています。その後，1890年マニュファクチャリング・インベストメント社に移り，総支配人となり会計システムをまなびます。1893年には独立してコンサルタント業務を始めました。こうして，1910年ごろには，テイラーの考えは広く浸透し，科学的管理はブームになっていたようです。

　同時に，彼のもとに多くの研究者が集まるようになりました。1911年，有名な『科学的管理法の諸原理』が出版されると，科学的管理は世界的なブーム

となって広がっていくことになりました。ところが，1911年ウォータータウン兵器廠鋳物工ストライキが発生し，その調査のため下院特別委員会に召喚され，科学的管理は労働強化ではないかと追及されますが，テイラーは，科学的管理は重要で，その中心は精神革命にある，と主張しています。

2. テイラーの３つのアイディア（作業の標準化，課業管理，作業管理のために最適な組織形態）

(1) 作業の標準化

　経営者からは見えにくい，親方ごとに行われていた作業と管理（当初は親方請負制に依存していた），労働者に不信をもたらす経営者の突然の賃率の変更，労働者の組織的怠業，量産を目指す会社の業績の悪化と労使の相互の不信の拡大，これらを一気に解決する方法が標準化であるとテイラーは見抜きました。客観的に作られた基準に基づく標準化です。

　標準化とは，限定することです。限定された構造，限定された部品，限定された作り方，限定された働き方，等です。車でいえば，標準化の始まった当初の車の構造は，複雑になった現代の車に比べ極めて単純なものでした。部品数も少なく，作り方も，単純なものでした。働き方は，仕事全体が分析され細分化され，権限が委譲され，限定的な内容で分業がなされます。そのうえで職務契約が結ばれます。これは現代でもかわっていません。(C.I.Barnard　山本安次郎，田杉競，飯野春樹訳 (1956)『新訳経営者の役割』ダイヤモンド社) 日本ではこのような方法ではありません。2019年に始まった働き方改革が目指すジョブ型への変更がなされても，仕事の権限が委譲される，という段階まで行っていないようです。

　標準（スタンダード）は，製品ごとと，会社ごと，業界ごと，国ごと，世界標準とあります。USBと呼んでいる記憶媒体は，ほとんど世界中のPCに受け口があります。A4サイズは，紙，本，PC，本棚の棚の間隔，と家のサイズにまで影響するかもしれません。ネジやビスも，よく見ると標準化されています。規格化されている，ともいいます。また互換性がある，ともいいます。また，

世界標準・国内標準をデファクト・スタンダード（事実上の標準）という場合があります。各分野でこの獲得競争が激しく行われています。GAFA（巨大 IT 企業の Google・Apple・Facebook（現在 Meta）・Amazon）の狙いもこのあたりです。

　標準化は，課題を残します。精度の問題です。標準化は限定することですが，製造できなければ困ります。会社によって，標準化で限定できる「範囲」が異なります。範囲を外れると「不良品」になります。廃棄するとコストがかかるので，製造の精度を上げようと努力します。この工夫が「改善」といわれるものです。

　日本はこれまで精度が高く，そのため製品のコストが低くなり競争力を得ることができてきました。ところが，そうしたことは，業務時間外で改善を会社が求めたこと，会社側がそうしたことはあたりまえと思い十分なフォローをしなかったこと，つまり従業員の善意にただ乗り（搾取）し過重労働などを生じさせたことが問題となりました。日本では，全体優先ではあったが個尊重ではなかった，といえます。

　標準化作業の始まりは，単純なことですが観察でした。観察の対象は，熟練工技術で，彼らの動作を観察し，それにかかる時間を測定することから始まりました。

① 時間研究

　熟練技術をもった熟練工の作業を分析し「要素動作」に分解単純化し，仕事にかかる時間をストップウォッチを用いて正確に計測して標準時間を算出します。標準時間が産出されると，一日の標準作業量が決まります。ストップウォッチ，即ち時間という客観的な基準を用いているので，基準自体に客観性があると経営側は主張しました。問題は，観察対象にあった。彼らは，標準的な従業員ではなく，最も優秀なものが選ばれていたようで，これでは優秀な人間の標準で，普通の能力の人間の標準ではありません。

② 動作等の研究

　仕事の仕方を観察し，作業にかかる動作の分析を行うと，道具や作業手順の標準化が必要であることがわかります。時間研究と合わせ，熟練工の作業その

ものの改善が行われました。同時に，計測道具や装置そのものも進化していきます。マイクロメーター，ストップウォッチ，カメラの高速シャッターなど計測装置が発達しはじめ，品質管理の精度が上がっていきました。

（2）課業管理

課業の設定，標準作業条件と用具と方法，刺激給（差別的賃率出来高給），最高難易度

1）課業の設定：課業とはタスクで，ひとまとまりの業務です。個人が会社で得るものが職；職務（ジョブ）です。このジョブの中身がさまざまなタスク，ということになり，タスクを細かく記述したものが職務記述書（job description）になります。同一の仕事をする場合，先にあげた，時間研究から標準仕事範囲が決まり，観察により時間が決まり，1単位のタスクが決まります。そこから一日の標準仕事量が決まります。

2）仕事の諸条件と用具等の標準化：標準作業方法が観察から決まってきます。作業方法には手順や道具などがあります。正しい道具を使わないと失敗しコストアップにつながってしまいます。

3）成功報酬，不成功減収：人間を経済的刺激に従って行動するとの考えがありました。経済人モデルといいます。この原理を基に，「差別的（賃率）出来高給」が工夫されました。科学的管理で導かれた標準作業量を基に，作業員の努力を評価することができます。その際に，労働者の努力が標準以上の場合は報酬を与え（賃率を高くし），標準以下の場合は罰を与える（賃率を下げる），というものでした。現代でも「スタックランキング」という手法の中に同様の刺激策が残っているのを見ることができます。この制度は，米国の多くの著名な会社が採用しています。内容は，毎年成績の下位15％を決めレイオフするもので，目的はその上の中間層70％に対する刺激であり，彼らが上位に上がり褒賞をもらうようにする仕組みを持った人事制度です。この制度は，社内で互いに競わせ，管理者，経営者は，動機づける必要がなく，報酬だけを得ることができるため，批判の多い制度といえます。

4）最高難易度の課業：科学的管理を利用する経営者は，標準ではなく最高

値を用いて, 賃率を決めていました。この結果達成できた割合は13％程度で, 結果賃金は半分かそれ以下に下がっていました。動機は, これまで述べてきたように, 企業間競争と, 資本家の利益優先, です。

(3) 作業管理のために最適な組織形態：専門化, 細分化の利用

職能的職長の説明

工場責任者
|
監督責任者
|
職長：計画責任者：標準決め, 命令指示
|
職長：執行部責任者：書かれたことを説明し監視

作業者・作業者・作業者・作業者・作業者・作業者・作業者・作業者

職能的職長制度は, 内部請負制の親方の成り行き管理を標準化すること, 管理を標準化すること, 専門化することが意図されています。計画機能の職長が計画を立て, それを執行機能の職長に渡し, 執行機能の職長は, それを作業員に見せて説明し, 作業を管理するものです (海道進 (1996)「科学的管理と法則」『奈良産業大学　産業と経済』第10巻4号)。

3. 結果：批判と功績

(1) テイラーへの批判

テイラーの科学的管理は, 作業を分析し単純化することを含んでいました。科学的管理批判の中身は, 2つあったようです。一つは, 科学的管理を導入した利益優先で激しい競争下にある経営者が, 客観的基準を平均的な作業員ではなく最高能力の作業員にしたため, 大半の従業員が標準以下の罰則対象者となり, 賃金の大幅カット, 半分やそれ以下が生じたことです。第2に, 仕事を単純化するため, 作業が反復作業化し, 考えることによって生じる間違いをなくす効果はあるものの, それは人間性を失わせるものだと批判されました。後者の問題は, その後, 単純化による仕事の単調化が, かえって人間の行動を不安

定にし，作業に悪影響をもたらすことがわかり，是正がされていきます。

　科学的管理は経営側の手法であるため，観察によって，労働者側の余裕はすべて奪われ，丸裸状態になりました。標準化の基準は経営側が都合よく設定できていましたが，それは労働者に知らされることはありませんでした。このことは現代でも当然のように起きていることです。この点に関し，正当な交換には，情報の対称性がなければならないので，大いに批判されるべきものだといえます。

　また，上記したように，この時期の米国には，新移民と言われる英語がわからず技術ももたない主に南と東ヨーロッパの農民たちが押し寄せ，安価な工場労働者となりました。テイラーの「職能的職長制」は，こうした状況での効率化を考えたものではありましたが，「計画と執行の分離」を組み込んであり，労働者階級を固定化していきます。ブルーカラーの形成です。「余計なことを考えないで仕事をしろ」という言葉が使われています。単純化した仕事の反復は，思考を抑え疲労のみを残すことになり，労働を通しての成長を阻害した制度的な人権侵害となっています。この点は，大いに批判されるべきものです。

(2) テイラーの功績

　テイラーの功績は，時間動作研究によって，次の2つを同時に解決したことです。即ち，組織的怠業と大量生産です。時間研究等により客観的な基準が採用され，相互不信は収まったといわれています。これにつられ，職務明細書と契約の概念が登場したはずです。そうでなければ契約が成立せず，労使の不信解消は訪れなかったであろうことは明らかだからです。他方，時間動作研究でひとまとまりの作業に細分化されたものを仕事とした場合，熟練工でなくても短期間でその部分に関しては，仕事ができるようになります。したがって，全体としてみた場合，熟練を単純労働者に移動させたことになります。ただし，作っても売れなければ，ごみの山を作ることになることを忘れてはいけません。

(3) 精神革命

　テイラーは，先の批判を下院公聴会で受け，労使双方の精神革命による調和が必要で，それを目指しているといった発言をしています。

　テイラーの功績と思われる，労使の相互不信や成り行き管理は解消は行われたとしても，経営側が科学的管理を利用して一方的に有利な立場になり，労働者側が一方的に不利になっている，という状況は残っている，ということです。

　テイラーのいう調和を，労働者と使用者側の対立に対する協調とみる場合，方法は「考え方を変える」です。この場合，どうやって変えるのでしょう。どうやって変え続けるのでしょう。個と個の便益の交換は，それぞれの努力が認められています。結果はすべて努力の結果で，結果がないものは努力が足りないという自己責任になります。

　この講義の立場を確認しておきます。「私と同時に，我々を守る，という欲求を人は必然的に持っている」，という立場です。コロナ禍の現在と違って，当時は同じ工場に働く同じ製品を作る労働者や監督者は一体になっていたはずです。話し合ったり触れ合う機会はたくさんあったはずです。そこからは，仲間意識，我々意識が生じていたはずです。テイラーは，仕事を共にするうちに我社意識が生じ，会社の為に皆が一体になると，後で取り上げる，目的の二重性という課題，は解消できると，考えたはずです。経営側が，働く場所におりてきて共に働けば，精神革命が生じる，と考えたことはありうると思います。この場合の動力源は，皆がもちうる，個の欲求以外のもう一つの我々意識，から生じる欲求です。

　現実には，経営者や管理者は，労働者と「触れ合わない」ような空間をわざと作り上げてきているように思われます。住む場所，生活する世界，話す言葉，工場の中の位置などです。クリエーティブな発想を求める現代では，こうした差別や区別は，邪魔になる場合が出てくると思われます。

　したがって，精神革命は，個々の勝手な目的と，仕事自体の目的を，仲間意識を使い調整し調和することで，低労務費と，高い成果が保証され，双方にとってプラスになるという考えになるはずです。この可能性を理論化しようとしたのは，バーナードであり，その後もバーナード以外存在していません。

　幸い，わが国のモノづくりの現場は，社長が共に働く，社長と食事を共にする，そういった態度を，アジア諸国でも行っていました。しかし，彼らは，あ

まり気持ちのいいものとは受け取っていなかったように思えます（大平の1995年から2000年にかけてアジアの三菱系工場を視察した際の従業員への聞き取りから）。

📖 宿　　題

日本のデファクト・スタンダードを調べてください。

4．科学的管理の実践者，H. Ford

（1）ヘンリー・フォード（1863-1947）

　彼は，フォード自動車を創業し，T型フォードと，車の大量生産を可能にしました。フォード自動車を設立したのは1903年のことです。彼は，車に対する大きな市場の可能性があることを感じ，テイラーの科学的管理を応用し，部品点数と重量のある自動車生産の量産化に成功したのです。この成功で，彼は大きな市場を手にし，約20年間で1500万台のT型フォードを生産販売し，モータリゼーションをもたらした歴史的な人物になりました。

　当時，多くの人が馬車よりも便利な運送手段を手に入れることになります。市場が広がり居住域が拡大します。車に注目が集まると，それにあった道路の整備が始まり，石炭から石油へのエネルギーの変換期にもなったでしょう。あらゆる産業で可能性が広がり，経済活動が爆発的に拡大したものと思われます。

　しかしながら，同一車種の大量生産と販売は思わぬ結果をもたらしたはずです。そのうちの一つが製品の陳腐化です。市場，すなわち人々は飽きるという性質があるようです。フォードは晩年，頑なになり，T型に会社の全勢力を注いでいくようになりました。その結果，T型の売れ行きが落ちました。生産を終了し次のA型（二代目）を販売店に卸すまでの半年間，フォードの大衆車の生産は停止していたのです。販売店に車はきません。多くのディーラーがフォード離れを起こしました。その結果，フォード社はGMに後れを取り，今に至っています（そのGMも販売戦略，製品戦略を誤り，世界金融危機：リーマンショックで倒産し，同名で再興しましたが，環境車の時代に出遅れテスラ自動車に市場を取られているようです）。

図3-1　H. Ford

出所：https://corporate.ford.com/articles/history/henry-ford-biography.html（2023年6月20日閲覧）

（2）自動車の大量生産：フォードシステム

　車の生産は，それまで一品ものといわれる受注生産であったため，価格は高く庶民では買えない値段であったようです。しかし，フォードは世間の車へのあこがれは高いことを感じ，価格を抑えることで大きな市場を獲得できると考えました。価格を抑えることとは，科学的管理による量産化の実施です。この車は，T型フォード（Model T）という車です。

　さて，車の量産化の問題は大きく2つあります。重量と部品点数の多さです。爪楊枝の大量生産とは違います。車の場合，今日まで年々部品点数は増加して，現在の車は平均して2万点ほどの部品でできているようです。

　初めのころのT型は約1500点だったようです。フォードは，T型の生産にあたり，量産に耐えうる，機能の単純化を車の設計に施しています。最初のモデルには，色は黒しかなく，形も角形でした。基本部品であるネジなどは標準化していました。このことは，部品の互換性，ともいわれるもので，量産の核になるものです。共通部品を増やすと点数が減るのです。そこでの難題は，同じものを正確にたくさん作れないとコストが上がるということです。品質とはこのことです。標準に合わないものはゴミになります。品質が高いとは，ゴミが少ないということです。部品点数に関しては，標準化し点数を抑えること，製造での品質を高めること，が重要でした。

　つぎに，重量のある部品があることが大きな問題でした。それはエンジンの重さです。ここでは，組み立てへの工夫に関して述べておきます。フォードは重量のある部品の組付けや運搬に様々な工夫や道具を用いています。基本的に

図3-2　Model T

出所：https://corporate.ford.com/articles/history/henry-ford-biography.html（2023年6月20日閲覧）

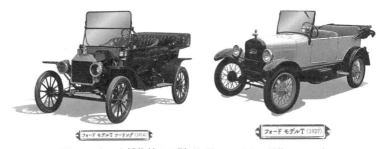

フォード モデルT ツーリング (1914)　　　フォード モデルT (1927)

図3-3　トヨタ博物館のＴ型（初期モデルから，最終モデルへ）

出所：https://toyota-automobile-museum.jp/event/innovation/（2023年6月20日閲覧）

は，移動式（人は動かない）の製造ラインを基にした製品製造を考案しました。同時に，科学的管理の視点で，生産する際の「人の行動の無駄」を省く工夫をしています。生産ラインで一人がいなくなるとラインは止まってしまいます。そこで，人は動かないで，部品の方からやってくる，コンベアー方式を考案します。高さも体に無理がかかると無駄が生じると考え「腰を曲げなくていい高さ」としました。この考えは発展し，現代的には3M（無理と斑と無駄を省く）があります。

　かれは，安価でかつ量産するためにはどうすればよいかを考えて，組立作業から生産方式を改善していきます。彼がすべての作業に採用した二大原則があ

ります。上記した2点です。すなわち，「もし避けることができるならば，一歩以上歩んではならない」と，「決して体をかがめる必要はない」です。流れ作業を詳しく見ると，組立作業における原則として，機械と作業者の工程順の配列，物品の最短距離の移動，ワーク・スライド等の搬送装置利用，作業者のいる場所が同じ場所で作業に都合のよい場所にし，加工した部品の移動可能なスライド組立ラインを用いること，などさまざまな工夫を作り上げてきました。

（3）フォーディズム

フォードは，日本でも知られた，「サービス精神」「ペイフォワード（Pay it Forward）」を提唱しています。フォードは，こうした名言を世に残しています。そのうちの一つがこれです。利得はサービスについてくる，という考えです。対象は消費者と従業員に対していわれていました。

消費者へのサービスとは，価格の安い製品を提供することです。このことは「量産効果」によって達成できていました。生産台数は，1910年の年間1万8千6百台からはじまり，年間で50%から100%の割合で激増していきました。1910年に950$でしたが1911年には780$，その後は年に50$から100$の割合で値下げが繰り返されました。そして1922年には355$，1925年には290$にまでなっています。

従業員に対する奉仕に関しては，はっきりしません。賃上げはありました。ですが，労働者が仕事がきつくてやめてしまう，または集めにくいことへの対策として賃金を引き上げたものなのかはっきりしません。1914年に自社の水準の2倍にあたる日給5ドル宣言をします。これは，単純労働への代償を考えたうえでの積極的なサービスであったかどうかはわかりません。労働の機械化，という言葉があります。この言葉をみると，フォードが，従業員の労働に関してサービスの対象にはしていたとは思えません。労働を機械のような反復運動にすることで，生産性を上げられると考えていたのです。行き過ぎた仕事の単純化からは単調さによる能率低下しか生じないことがわかってきます。

📖 宿　　題

1) 大量生産の利点をまとめ，加えて，一つ以上あなたの経験を説明してください。

2) 大量生産の問題点をまとめてください。

3) モータリゼーションとはどんなものですか。

4) フォードに始まり，トヨタの代名詞になった生産上の工夫，よりよくする努力を表す漢字の文字の言葉は何でしょう。

5．課題を考える

(1) 目的の二重性：経営の課題1

　ここまで，テイラー，フォードの学びを通し，当時，産業の急速な発展に伴う企業の拡大に伴い，マネジメントの重要性が問われ始めたことを述べてきました。当時のマネジメントは，作業の分析，作業の標準化，とともに監督の分析と，監督の標準化が行われ，客観的視点が重要となっていました。それは，大規模化に伴う，調整の難しさから生じてきたものと思われます。経営をする人たちは，労使の相互不信解決によって効率の増進を図ろうとし，客観性の取り込みを柱にしてきた科学的管理を利用することができたようです。

　産業の急速な発展を支えていたのが，フォードの成功だとおもわれます。車という，部品点数が多く，しかも重量のあるものの大量生産を可能にした，フォードシステムとフォーディズムは，一方でモータリゼーションを引き起こし，他方で大量生産大量消費時代を引き起こしていきました。モータリゼーションと大量生産は，国内だけでなく，世界的に広がっていきました。

　さて，経済活動を思い出すと，個と個の便益の交換でした。この場合の個とは，個人的に合理的判断をする者ということでした。すなわち，利己的で機械主義的な行動をとる者が想定されていました。自立し，別々の目的をもった個が，それぞれの目的や都合に一致している場合，便益を交換する，それが経済活動だ，というのです。人と人の便益の交換は，目的が異なっていることが前提になります。便益の交換には，いわば，目的の二重性が存在しているのです。

図3-4　経済活動と目的の二重性

　働き方に分業が生かされて以来，多くの働く人たちは，たとえば会社などから仕事を得て，労働をし，賃金を得てきました。便益の交換です。相互不信は，異なる目的や都合で判断する個による交換という，関係の中で生じてきました。会社都合を，従業員都合では受け入れられない，という当たり前のことです。

　そこで，テイラーの科学的管理以降，米国の雇用者は，ストップウォッチなどを用い客観的に仕事を分析し，分割限定しました。この仕事を被雇用者が契約し，行い，賃金を得るということを基本にすることになりました。この制度は，職務給制度と呼ばれています。

　相互不信は，この経済活動の中で生じ，客観性を取り込むことで，一応の解決はできたようです。科学的管理は，客観性を持ち込み，交換という経済活動の効率性を上げることで企業を維持発展させる方法といえそうです。多くの経営者が群がるはずです。

　ここで説明したことは，以下の**図3-5**で表すことができるでしょう。限定された会社環境下では，契約された限定された作業が，設計された時点と行われた時点とで変わりがないため，客観化によって目的の二重性を克服できれば，計画通り会社都合に合った結果が出てくる，と考えられます。

図3-5　限定された会社環境

　経営者と従業員の関係をきわめて単純な図式を使い説明します。契約された作業（契約作業）は，ある時点で，会社の置かれた状況下で行われた分析に基

づいて細分化された作業のことです。会社の経営者の目的は会社目的としておきます。この場合，会社目的を達成するためには，細分化され個人に配分された作業が計画通りに達成されねばなりません。細分化され個人に配分された作業は，それを契約した個人の責任によって結果が出されます。この時，作業は細かく規定されたもの（職務明細書：作業内容と作業水準）に従います。契約以外の仕事はしてはいけません。他人の仕事をとることになるかもしれないからです。これは交換だからです。交換の目的は，両者とも，個人的な目的です。すなわち，契約作業をする目的は個別目的です。一方，経営者は，会社目的を，細分化し，従業員を雇用し，仕事に人を配置して組織化し，仕事を従業員に渡した段階で，経営者の統制が効きにくくなる可能性が生じるのです。すなわち，会社目的が人手に渡った瞬間に相手任せになるという意味です。こうした現象は，職務給制度等を用いた場合，目的の二重性から必然的に生じる現象と思われます。

　環境が一定，または変化が予想できる場合，または変化の影響が少ない場合，目的を決め，厳密に分割し，そのとおりに遂行することを契約に盛り込めば，目的は遂行できたでしょう。そうである状況ならば，目的の二重性は，問題にはなりません。しかしながら，急速な発展は環境変化を誘発することは簡単に予想できます。相互不信を解決した客観性は，従業員に安定を与えていきましたが，変化する環境下においては，そのことは，組織が硬直的になる可能性をもっていたのです。

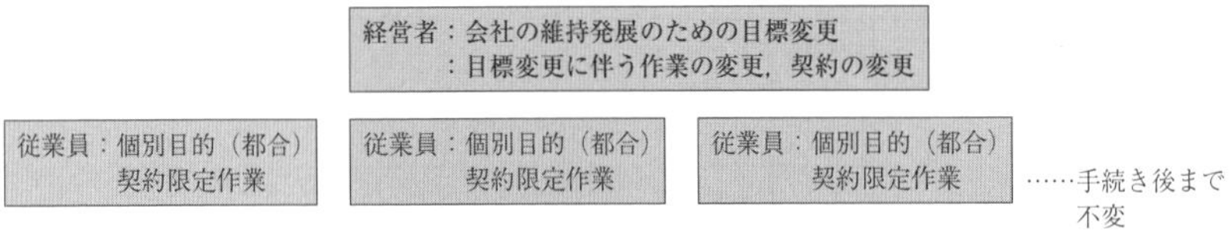

経営者：会社の維持発展のための目標変更 ：目標変更に伴う作業の変更，契約の変更		
従業員：個別目的（都合） 契約限定作業	従業員：個別目的（都合） 契約限定作業	従業員：個別目的（都合） 契約限定作業

……手続き後まで不変

図3-6　変化した会社環境

　環境の変化がゆっくりである場合，または予測できる場合は，科学的管理だけで変化の影響を吸収できたと思われます。変化が生じたとき，会社の目的は，会社自身の環境の変化に適応しながら維持発展しようとするものであるのに対

し，一度細分化され契約された作業一つひとつは，それぞれ契約をした個人目的の下にある，ということです。契約した個々人は，それぞれ個々人の環境の下にあり，それぞれの環境変化に適応し維持発展しようとしたとしても，それは会社の環境とは異なっている，ということです。

📖 宿　　題

硬直的になるのはなぜだか考えてください。

---

(2) 環境変化の影響としての目的の問題

　南北戦争で，たまたま，北軍が勝利し，農業ではなく工業化が進みました。欧州からの移民は農業従事者ではなく工場労働者となり，米国の大量生産を支えることになりました。そんな中，フォードは，テイラーの科学的管理をいかし，重量と部品点数のある自動車の大量生産を成功させました。彼の成功により，工場制機械工業は世界的に発展していきました。

　こうした，世界規模での工業化の発展は，競争を激化させ，会社の環境を激変させていきます。すると，労使の相互不信を解決し生産性を上げた，客観性を取り入れることによる職務の限定は，逆の機能を見せてきます。会社が目的を変更しても，従業員の仕事の変更に至るまで，時間を要することになるからです。変更された目的の分析が行われ，職務が決められ，再度契約が行われ，初めて従業員は会社の環境の変化に対応することになります。したがって，動きの速いほかの会社に顧客を奪われ市場を失ってしまうかもしれません。これは，目的の二重性が客観的に規則で守られている (構造化されている) からです。

　そこで，会社の競争力を高める必要が生じてきます。そこで取られた手段をここでは3つ紹介します。一つは組織行動論の議論[1]にみられるもので，これには2つあります。もう一つは，バーナード[2]の議論にあります。

　一つは，目的の二重性を克服するために，組織目的に個人目的を一体化させるものです。組織目的への「巻きこみ」という考え方です。方法は，従業員の組織目的への動機付け，従業員の個人目的の組織目的への巻き込み，などです。

もう一つは，チームの利用，です。チームレベルでの「巻き込み」，といえるでしょう。

　2つ目は，バーナードの理論の中にあります。バーナードは，自身が経営者であった経験を著書にまとめています。ホーソン実験で語られていた非公式組織と同じものが，彼の議論にも登場しますが，彼の著書では，それは，ホーソン実験で発見された対立する別の存在ではなく，一体となりうる存在として描かれています。バーナードは，会社という人間の集団活動には，非公式組織を利用して，非公式組織との対立の解消と同時に，目的の二重性を克服する可能性があることを示しており，かつその方法を示していると理解できます[3]。

　3つ目は，組織とか会社とかではなく，成果と高給の交換，という単純な交換です。刺激的な結果給制度といえるものです。具体的には，スタックランキング[4]といわれるものがあります。高い結果を出したかどうかで，人を評価し，上位15%に高い報酬を与え，下位15%を解雇するというものです。経営陣は，大まかな領域を決めておくだけで，他にすることはありません。人間関係も集団も関係ありません。

（3）経済活動の定義と日本の一般的感情の違いの説明

　日米には，文化以外に，基礎的に大きな違いがあります。後の章で説明しますが，ここでいったん簡単な説明をします。ここまで，私たちが経営と呼ぶものの始まりが米国でのマネジメントであると仮定し，このマネジメントに関し学びを進めてきました。その段階で，違和感を抱いた方がいたかもしれません。

　そこで，日米での違いを，人間の関係における違いと，**図3-7**を使って会社の違いを少々あげておきます。まず人間の関係における違いは，米国など個人主義の国々では，個を優先するため，個人的合理的，利己的，機会主義的行動をとるように育てられ，行動します。他方，わが国では，民主国家ではありながら，全体を優先し，個を優先することを抑制しています。皆の迷惑になることはできないし，利己的な行動はよくないとプログラムされています。次に，日米の会社の違いを，2つあげておきます。一つは下線の部分で，2つは矢印の部分です。下線の部分は，仕事の範囲や仕事の仕方に関する違いです。個が

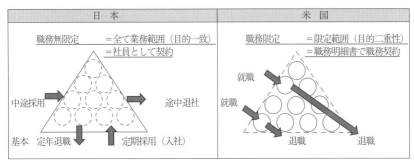

図3-7　日米の会社の違い

優先されると，個が守られます。職務が限定され，客観的尺度が使われたのは
そのためです。会社が優先されると，会社都合な行動が求められます。会社の
変化に共に対応できる柔軟さが求められます。次に，矢印ですが，仕事の始め
方と終わり方の違いです。日本以外では，人が辞めると，仕事の空きが出ます
ので，そのタイミングで就職します。就職の際の採用基準の多くは求められる
能力です。従って，インターンシップで能力を磨きます。他方，我が国では，
主に，柔軟な学生を卒業時に一括採用します。

　　次回は，非公式組織に関して学ぶことにします。

📖　宿　　題

違和感に関して，説明してください。なければ，なかったと書いてください。
日本の説明の中「柔軟さ」が，働く者にとって問題になる場合があります。ど
んな場合か考えてください。

第3節　人間関係論：ホーソン実験と非公式組織

　　科学的管理に始まる能率改善の機運は高まりを見せていました。一つは，働
き方の生産性を上げるという問題，もう一つは科学的管理ブームで生じた労使

間の分断をどのように修復するかという問題，これらへの関心が高まっていました。

1. ホーソン実験と，そこで得られたこと：ホーソン効果，社会人モデル，非公式組織

　ホーソン実験は，ウエスタン・エレクトリック社のホーソン工場で1924年から9年間にわたって行われた一連の産業・組織心理に関する実験です。第1回は，1924年から1927年にかけて行われた照度と作業能率の関係調査です。この調査では照度と作業能率の因果関係は見出せませんでした。第2回は，1927年から1932年までの間，第1回で見出された問題を確認するために行われました。一組のリレイ（電話継電器）組み立て作業者たち，5名の女子作業者と1名の部品供給者を，他から独立させて行われた調査でした。結果は，驚くべきものでした。作業条件の変化にかかわらず，生産高は上昇し続けたのです。これはのちにホーソン効果（実験に参加した従業員たちの，自分たちが周囲から注目されているという意識が，作業量や行動に影響を与えていたという考え方です）と呼ばれる現象として認識されています。では詳しくみていきます。

(1) 証明実験 (192411-19335)

　会社の技師ペンノックスの指導で行われた実験で，労働環境が生産性に影響するかどうかを調べるものでした。ペンノックスによって，「照明が暗い状態で作業すると生産性が下がり，明るい状態だと生産性が上がる」という仮説を立てて行われた研究でした。具体的には，対象となるグループを2つ作り，一方の照明を一定にし，他方の照度を変化させ，作業能率が変化するかどうかを観察しました。

　結果は，多くの研究者が期待したものから大きく外れるものでした。明るさが一定でも変化しても，一定時間が経過すると作業効率が徐々に上がりました。つまり仮説は裏切られましたが，新たな課題が生じました。即ち，なぜ労働環境と関係がないのか，そして何がそうさせているのか，でした。

(2) リレイ (電話継電器) 組み立て試験実験 (1927.4–1933.5)

　照明実験の結果，① 作業能率に影響を与える別の要因の存在が予想されるとともに，② 一要因だけを変化させるような実験は難しいと考えられました。

　ここでは実験グループを作り，一室に隔離し，他の要因の変化も観察発見できるようにしました。能率と作業条件の関係を，引き続き調べようとしました。そこで，6人の女工が選ばれ24期にわたり，労働時間，休憩時間，照度，間食の支給といった作業条件と部屋の温度や賃金関係といった労働条件をいろいろと変化させ，それらが生産能率にどのように影響するのかの調査が行われましたが，この段階でも，関係を見出すことはできませんでした。

(3) 面接プログラム (1928.9–1931 半ば)

　監督方法と作業能率との間に関係があると仮定し，工場の約半分の，2,126名に対して面談調査を行いました。第1実験での生産性の増大原因の意見には，① 賃金変更，② 就業時間変更，③ 管理の変更がありました。このどれが有効であるかの興味がありました。

　3年間の調査では，人間が社会的関係の中で行動すること，人の行動は人間関係的な理解が必要であること，人の行動はその人間がどのような社会的関係を持っているかによって違っているという理解が必要であること，などが示されました (大橋昭一 (2008)「ホーソン実験・従業員面接活動の進展過程：インタビュー活動からカウンセリング活動へ」『關西大學商學論集』53巻1号)。

(4) バンク配線観察室実験 (1931.6–1932.5)

　ここまでの実験から，「現場に，社会的な統制機能を持つ小グループが生じている」という仮定の下に行われました。作業は，巻取り工9名，ハンダ工3名，検査工2名からなる男子14名のグループで行われ，室内には観察者が入っていました。また室外では面接が行われていました。工員たちの業績の評価方法は集団請負型でした。つまり全体の生産高が報酬を決めるという形態でした。

　観察と面談の結果，次のようなことがわかりました。それは，予想されていた個人の行動がとられなかった，ということでした。また，個人の行動は，これは予想されていたことですが，社会的な統制機能をもった集団が形成され，

これに影響を受けていた，ということです。つまり，個人の経済人仮説が否定され，個人の行動に影響を及ぼす非公式組織が発見されたということです。個人の行動への非公式組織の影響とは，暗黙の掟であって，仕事をしすぎない，怠けすぎない，告げ口しない，お節介しない，というもので，全体の作業量も会社が決めたものよりは低めに設定されていたのでした。工員たちは，経済的な合理的行動ではなく，自らが属する集団の維持を優先する行動をとっていたのです（古川順一（1985）「伝統的組織論」車戸實編『基本経営学全集5　経営組織論』八千代出版）。

　こうした，経済人仮説に代わる人間の行動モデルは，社会人仮説，と呼ばれています。一緒に働く人々の間に自然と生まれる人間的結びつき非公式組織から生じる暗黙の行動規範，掟を内部化（自分のこととして受け止めていることに）している，ということでしょう。

📖 宿　　題

あなたの「非公式組織」には，どんなものに対して，どのくらいありますか？また，それらを関係が強い順に並べてください。

---

2. 非公式組織

　ホーソン実験で発見された非公式組織は有名ですが，もう一つ非公式組織を議論している人がいます。それはこの後取り上げるバーナード（C. I. Barnard, 1886-1961）です。バーナードは「公式組織」という概念を出し，組織を定義しています。彼は公式組織に合わせ非公式組織を論じています。共通しているのは，集団に必然的に形成される，ということです。したがって，この部分に議論を集中させなくてはなりません。

　ホーソン実験では，前述のように，人間が社会的関係の中で行動すること，人の行動は人間関係的な理解が必要であること，人の行動はその人間がどのような社会的関係をもっているかによって違っているという理解が必要であること，がわかりました。

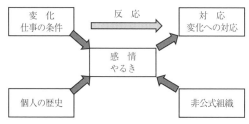

図3-8　行動と感情の説明

出所）古川純一（1985）「伝統的組織論」車戸實編『経営組織論』八千代出版をもとに筆者作成

　そもそも，科学的管理の進展は，会社の仕事の単調化をもたらし，経済の発展は会社の仕事の構造化をもたらし，単調化によるやる気の喪失，階層化による孤立感の発生が生産効率をさげ，従業員の自発的協働関係が必要だと考えられ，産業心理の研究に注目が集まり，ホーソン実験の開始へとつながりました。会社からすれば，管理上の対策は，従業員の人間関係に配慮する行動でありました。面接制度，人事相談制度，提案制度などたくさんの施策がこの時から始まりました（岡田行正（2003）「人間関係管理の生成と展開」『北海学園大学経営論集』）。つまり，非公式組織は，人間関係改善によって解消される従業員の対立的態度の塊になり，個と個の便益の交換の改善に還元できることになりました。

　バーナードの場合は，個人的な接触や相互作用の総合で人々を集団に連結する，見えざる政府という表現ができ，凝集性の維持機能，となり，貢献意欲と客観的権威の安定とを調整する存在だと思われます（バーナード，C. I.，1968）『新訳・経営者の役割』ダイヤモンド社）。ここからわかるのは，敵対的関係ではなく，その逆となりうる存在，といえます。従業員は「会社の同僚」として相互作用をすると同時に，彼らは会社そのものとの関係を感じ，会社への非公式組織を形成しているのです。したがって，管理上の対策は，本来の会社と，従業員が感じる会社（非公式組織）の2つの会社があることを認識し，離齬が生じないように調整するということになります。この場合の調整は，単純なものではありません。会社は，さまざまな競争環境にあり，そこで，皆で信頼を構築し，最大の努力をし，生き残る必要があります。言葉でいうのは簡単ですが，単純な

調整ではありません。しかしながら，非公式組織の理解は全く異なっていました。

　その原因と思われることは2つあります。一つは，会社の仕事の仕方の違いです。ホーソン実験では「集団請負制」が取られていました。責任は集団の結果とした場合，集団は自ら考え行動することになると予想されます。このやり方だと，自律的な集団が生じやすいということです。バーナードの場合には，職務明細書の記述があることから，集団請負型ではなかった，ということで，上述の理解になったものと思われます。

　もう一つは，我々意識，です。バーナードのいうところの会社との関係は，別な表現でいうと「我々」になると思われます。「我々」には「私」が含まれるので，会社と自分が我々を通し一体化することはあり得る話です。我々という言葉はほとんどの言語に存在しています。しかしながら，我々という実在はなく，我々という意識を皆が創造している，ということです。このことを研究し取り上げたのはK.レヴィンです。彼はゲシュタルト（全体）心理学者の一人です。ゲシュタルト心理学は，人の認識の研究から，全体は部分の総和とは異なる，という命題を引き出します。見えの研究といわれるものです。たとえば，電球の点滅は全体として認識されるネオンサインとは違っている，などです。レヴィンは，目的をもった集団で生じる人々の相互作用は，我々意識，を発生させることになる，と述べ，これを社会的全体，と述べました。バーナードは，K.カフカの著書を通しレヴィンを学んでいます。また，レヴィンは，現実の人々の行動に責任を取る立場に20年いたので，この我々意識の存在を著書の中で非公式組織として表現していると断定できます。

　非公式組織という研究に関して，次のような結論を出すことができます。それは，ホーソン実験とバーナードの非公式組織は異なるものであったこと，しかしホーソン実験では集団請負方式をとったため，我々意識が見落とされていたであろうこと，バーナードは非公式組織を我々意識であるとはいってはいないが，同様のものと認識しており，我々意識が集団に親和的であることを認識し，協働の達成に利用していると思われること，ということです。

第4節　会社の環境が変化するときのマネジメント理論：バーナード理論

1．目的の二重性問題2：状況変化と職務限定の不一致の解消問題

　1）C. I. バーナード

　バーナード（1886-1961）は，ハーバード大学に入学し，1927年から約20年間ニュージャージーベル社の社長を務め，その間に『経営者の役割』（1938=1968）という著書を残し，経営学の基礎を築いた人間の一人です。

　経営，すなわちマネジメントの観点からすると，環境変化に対応するマネジメントの在り方を示した，重要な人物であるといえると思います。彼の著書は，20年の長きにわたり，会社を，多くの人たちと維持発展させてきた現場の人間によるものであるため，何が重要で，困難で，経営者がしなくてはならないかを，言い当てていると思われます。

　科学的管理も，ホーソン実験も技術者の客観的目線から研究されています。ホーソン実験は途中研究者によって継続されますが，経営者とは違い，研究者には，会社全体をまとめる重圧をもつことはないため，非公式組織の対応にも違いがあったようです。

　2）バーナードの仕事と仕組み

　バーナードの仕事に関しての記述は，「職務明細書」と「公式組織」です。前者は一か所しか出てきませんので，読み飛ばされることが多いと思います。職務明細書は個々にいくつかの仕事を職務として限定し，結果で個々に評価するもので，日本の仕組みとは違います。

　目的の二重性問題で，会社が置かれた全体状況が変化した場合，個別に限定し個別に判断を任せた仕事との間で齟齬が起きる問題，これがマネジメントの次の課題でした。職務を限定され，結果を評価される場合，最後まで個人の判断責任となりますから，自分の都合に合わせたり，自分の努力次第で結果が決まるので，結果責任になります。このように会社の中で会社の仕事を，個人都合で行われることを，バーナードは個人人格と述べました。会社の中の，個人人格です。個人主義の国では，組織の中で個人が能力を無限に搾取されると考

え，それを守る仕組みとして，職務明細書を作っていると思われます。

　バーナードは20年間経営者をしていました。彼のいた米国は，欧州の古い階級組織社会から，自由を求めて移り住み，創られた国ですから，個を優先する国でした。それでも自分たちの会社がつぶれたら皆が困ります。経営者として会社という全体と個々の自由という対立する2つを調整し会社の目的を達成しなくては，皆が不満から会社を去ってしまうことを知っていたのです。与えられた仕事を自分都合で請け負うものである場合，いわばいわれたとおりにしていることになります。会社が変化する環境にあった場合，変化に合わせ個々が個々の仕事を会社の維持という会社都合で行動してくれたら，うまくいくのにとバーナードは考えたのだと思います。そして，その条件，または課題を考察します。個人人格に対する組織人格がそれにあたります。組織人格は，経営者が，非公式組織（我々）を意識させ，会社目的を「我々」の共通目的としてとらえることができるようにさせ，環境に合わせて仕事をすることを受け入れさせる条件は何かを示そうとしていました。バーナードは，非公式組織（我々）が一体化した会社を，成功させたい，失敗させたくない，という（我々に対する）強い欲求があることを知っていたのだと思います。

📖 宿　　題

1) 職務明細書は現代米国では何という制度に関連し，日本に導入され始めているなんという制度と同じことですか。

2) 以下のどちらかにこたえてください。

・米国と日本に関連して，自由を考えてください。

・個人主義とはどんなものでしょう。

2．方法としての，経営者の命令などとの対立の解消としての，非公式組織の利用：経営者が提案する共通目的と非公式組織を通した一致の可能性の利用

(1) 対立する非公式組織，その解消

　非公式組織は，さまざまある課題の中の重要な一つ，ではない。個と全体の

全体に関係する，経営学の中心的な研究対象物です。ただ，個人主義重視の国家では，個に対立する全体につながる「我々」を主張することは困難だったようです。

(2) 我々の全体意識＝意識的調和

20年間経営者をした経験から，バーナードは，目的の二重性を解決する，成否の分かれ目がわかっていました。ここでの前提は，変化する環境にそれぞれ各人の行動（仕事）を適応させること（変更させること）です。逆は，「いわれたことしかしない」です。彼は非公式組織に着目します。

会社とは，一定の期間と場所と目的をもった人間の関係体といえます。一定の期間の相互作用から非公式組織が生じ，我々意識を生みます。会社の非公式組織が，意識上で会社の存在と重なったとき，会社目的を我々の目的と認識することがあり得ます。それが，我々意識です。このように，非公式組織は重要な存在だったのです。非公式組織が会社目的と一体化し我社意識をもつようになると，変化によってばらばらになった仕事が統合されてきます。従業員と管理者，経営者自身，これらの一体化です。そしてそれを維持すること，それがまさに，経営者の役割だと考えていました。

もちろん，働く人は一定ではありません。人が代わり，非公式組織全体の考えが共有されなくなることが予想されます。ですから，特に，共通目的があることをたえず，経営者は従業員に教育し続けなくてはなりません。

このように，「我々意識」を利用した，組織人格化のステップは次のようになります。非公式組織を意識させること，共通目的があることを示すこと，それと同時に，経営者自身が従業員からの信頼に足る行動をとることです。経営者によって気づかされた我々意識による，個々の組織的機会主義的行為が，組織人格による行為で，この結果，この後述べる公式組織が形成されることになります。これらはどれも，強い信念がないと守られないように思えます。バーナードも，組織維持は普通だと困難である，と述べています。

したがって，マネジメントの対象は，バーナードによって論理的に可視化されているものの，具体的にどうすべきかは，いまだにそっくり残されているよ

うに感じます。

3. 目的の二重性克服：公式組織

　バーナードは，目的の二重性を克服した状況を「公式組織」と呼びました。公式組織の成立は，つまり，二重性の克服は，定義を含め，3段階で説明することができます。

　　＜1段階＞

○　定義：「2人以上の人々による，意識的に調整された，活動や諸力の体系（システム）」です。次に説明をします。

　　公式組織：**システム化された活動や諸力（構造でも，制度でもない）**

　　意識：組織的全体的観点，組織人格化された観点から認識できる，「意識的な」必要な調整行動の意味。

　　調整：会社の環境変化により生じた目的の変化に対する，仕事の変更を行うこと。

　　＜2段階＞

○　3要素：公式組織の成立には，次の3つの要素が必要であると述べています。これらは相互依存的な存在です。

　　共通目的：貢献者皆の共通の目的。信じることのできる，我々の目的と一体化した，会社目的。

　　　　＝わが社の維持発展。

　　　　＝課題は非公式組織の一体化。

　　貢献意欲：貢献＝組織的機会主義的行為，組織人格化した行為＝言われたことだけではない面倒の背負い込み。

　　　　＝どこの組織も，最も嫌がる，拒否する仕事。

　　　　意欲＝自ら変化に対応する意欲，面倒な仕事を買って出る意志，自分たちを守ろうと意識します。

　　　　＝大義という言葉を使っているのはこのこと。道徳の創造と言っているのはここで必要です。

コミュニケーション：限定された仕事の範囲外の，変化に必要な情報の収集と調整（面倒くささの原因）。

＜3段階＞

○　有効性と能率：**目的の達成**できないものはやる気が出ない，**満足**できないものはやる気が出ません。

- ・目的が達成しても満足するとは限らない。バーナードは2つを分離しました。目的達成程度と満足の程度。
- ・満足できない場合とは，予測できなかった「求めざる結果」が生じ，満足の程度が割り引かれる場合が多いのです。
- ・求めざる結果は，意図せざる結果，と呼ばれることもあります。
- ・意思決定には，予測できる影響関係とその結果が出てきますが，マイナスの回避も意味しています。

　　ここから，従業員に，達成できる，満足できるという**確信**をもたせることが経営者に必要（p.296）です。

4．組織という言葉の比較

　組織という言葉は，多義的です。ここでは，経済学の理解と比較しておきます。

○　会社の一側面＝ひとまとまりの，目的をもった，人々の活動体＝組織

　　　　経済学的理解：契約の束＝個と個の利己的（合理的）な便益の交換

　　　　バーナード　：**組織人格**的行為のシステム化，高いわが社意識の共有されたシステム

　　　　　　　　　　：従業員のシステム化された活動や諸力という貢献（＝構

会　社	交　換	従業員
組織目的	利己的交換	契約：限定職務
環境変化 ＝組織目的の変化	利己的交換	契約 ＝変化に遅い対応
環境変化 ＝組織目的の変化	組織的交換	我々意識で一体化 ＝変化に速い対応

造ではない，制度でもない）

📖 宿　　題

・意識の上で一体化している組織，集団，があれば示し，さらになぜ一体化し
たと思うか書いてください。

・「こんなことがあるから，いわれたことしかやる気になれない」という経験
ありますか。どんなことですか？

注

1) ロビンス，スティーブン P. 著　髙木晴夫訳（2009）『【新版】組織行動のマネジメント—入門から実践へ』ダイヤモンド社。

2) Barnard, C. I.（1938）*The Function of the Executive*, Harvard Univ. Press.（山本安次郎ほか訳，1968，『新訳　経営者の役割』ダイヤモンド社）

3) 大平義隆（2023）「バーナードの経営学的貢献」日本経営学会全国大会ワークショップ。

4) https://www.theverge.com/2013/11/12/5094864/microsoft-kills-stack-ranking-internal-structure（2023 年 6 月 30 閲覧）を参照。

第 **4** 章
日本の経営

第1節 日本の戦後の経営と経営学

1. 敗戦後の日本の経営学

　第二次世界大戦前から同盟国のドイツへの留学は多かった，と聞きます。戦後は，骨はドイツ，肉は米国[1]，で経営学は発展した，といわれてきました。

　　1945年　終戦（敗戦），終戦後は米国の統治下に

　　1950年　朝鮮特需で戦後の経済復興

　　1951年　サンフランシスコ平和条約　日本の主権回復

　　1955年　高度経済成長（1973年まで），同年前後，米国からマネジメント
　　　　　　が流入

　日本より先に同盟国イタリア・ドイツの降伏で戦争が終結したヨーロッパでは，アメリカを中心とする自由主義諸国とソビエト社会主義共和国連邦を中心とする共産主義諸国の対立が，領土の分割の形をとり，始まっていました。これは東西冷戦の呼ばれ方をし，核による軍拡競争が始まり，ヨーロッパでは北大西洋条約機構（1949）とワルシャワ条約機構（1955）が対峙する形になりました。この状態は，1991年のソビエト連邦共和国解体まで続きました。こうした世界情勢とわが国の歴史から，日本経営学会の多くの学者には，マルクス主義（共産主義）の観点から米国経営学を批判的にみるものも多く，したがって，日本における経営学の研究は，主として米国経営学，ドイツ経営学，マルクス経営学の影響下にあったといえます。

　他方，わが国の高度経済成長は世界的に注目され，日本の特異性の研究が始

まりました。そうした研究の中で特に目を引いたものがアベグレン[2]の研究です。アベグレンは研究の中で，制度的な比較を行っています。高校の教科書にも出てくるくらい有名な，三種の神器と呼ばれる，雇用制度の差異としての終身雇用，労働組合の関係の差異としての企業内組合，個人の評価としての年功制度でした。この三種の神器は，バブル崩壊後，成長を抑制する原因と目され，働き方改革の改革目標になっています。つまり問題視されながらも存続し続けている，ということです。簡単には変わらない，すなわち米国化しないようです。

　さまざまな研究者が，この問いに挑んだと思います。岩田龍子と三戸公[3]は，雇用制度の中でも，仕事の範囲に言及し，米国では職務範囲は限定されるが，わが国では無限定で，この点が重要だ，と主張しています。これらもまた働き方改革の改革目標になっています。職務限定型が標準で日本だけが違っているのはおかしいから変えましょう，という理屈であります。この変な理由の裏事情としては，職務限定型でないと，大型企業の場合，従業員のリストラを裁判所が許可せず，事業清算に時間がかかりすぎ，会社の体力を失い再起できなくなる，という点の克服策になる[4]，ということです。科学的ではありませんが，政策的な判断です。

　このように，先の3つに日本的経営が加わり，学問的には4つの視点が交錯している状態だと思われます。

2.「日本的経営」の研究

(1) アベグレン (1958)[5] の「三種の神器」：米国の影響

　アベグレンの影響は，広く長く続きます。現代においても高等学校の「政治・経済」のテキストにもはっきりと残っているくらいです。アベグレンの発言がそのまま載っているのです。

　日本の経営の研究は，アベグレンなどの日米の制度上の差異研究から始まったようです。制度とは法的な決めごとのことです。アベグレンが指摘した日米の差異は，以下の表4-1のとおりです。

表4-1　経営制度の日米の差異（アベグレン）

日本	米国
終身雇用	短期雇用
年功評価	業績評価
企業別組合	産業別組合

出所）大平義隆（2010，2017）

　終身雇用は，かつて終身雇用制度と呼ばれていました。しかし法的な規定がなく，従業員の所属意欲が高いため，本人が辞めたり大きな過ちを犯さない限り，運用上定年まで長期間働くことが常態化し，「終身雇用慣行」と呼ばれています。この終身雇用慣行ですが，基本的には，単年度雇用です。ここに，自動更新条項，といわれるものを加え，問題がなければ雇用を継続する，という考え方です。当初，退職予防のために，長期間いるとメリットが生じる仕組みづくりとして登場したようです。終身雇用は，年功評価と組み合わされ，長期間いればいるほど（何もしなくても）賃金が上がる，というものでした（現実はバブル崩壊後，ほとんど賃金は上がっていないようです）。年功評価は，個別の個人評価ではありません。

　仕事が個人に限定されていないため，結果評価が個別ではないため，アバウトですが年功を採用する会社が多いのです。もちろんこれは多くの場合やる気のある社員からは不満が出続けていました。このように，会社に長くいる場合，労働組合も，会社ごとであった方が従業員にも都合がよかったと考えられてきました。

　他方，米国では，採用が職務ごとに限定的になるため，評価もはっきりと，個別になります。この場合，自分が達成した結果を，どのように評価されるかは重要となるので，その時その時の行動の短期評価を管理者がどのようにしているか確認を求める場合が多いようです。きちんと評価されない場合，環境が許せば，高い評価をもたらすところに移動します。きわめて個人的合理的な行動です。したがって，米国型では自らの能力を自ら高めることが当然となり，プロフェッショナルになりやすくなります。

(2) Ouchi (1981)[6] のセオリー Z[7]

　相互作用の考えでは，相互に違いが緊張と認識されるため，その相違を修正する方向で力が働くことが多いと思います。そのため相互に似てくるはずです。こうした，違いがなくなり相互に似てくることを主張したのは，Ouchi (1981) です。彼は**表4-2**のように，日米差を把握しています。この把握はアベグレンのモノと全く同じ方向といえそうです。彼の主張は，現実には日米それぞれの企業はそれぞれの強みを生かしつつ変化するということです。すなわち多くの日本のエクセレントカンパニーは，長期雇用形態をとり，事業が大変複雑で，仕事の中で学ぶことが多く，企業は従業員をつなぎ留めたいと考え，長期雇用の結果として人事考課と昇進も比較的遅く，明確な業績評価インタビュー[8]は頻繁に行いません。キャリアパスは単線ではなくいろいろと渡り歩き，そのため調整能力をもてるが他では使えない。意思決定の過程が典型的にコンセンサスと参加から成り立っている，というものです。

表4-2　経営制度の日米の差異（Ouchi）

日本の組織	米国の組織
終身雇用	短期雇用
遅い人事考課と昇進	速い人事考課と昇進
非専門的な昇進コース	専門化された昇進コース
非明示的な管理機構	明示的な管理機構
集団による意思決定	個人による意思決定
集団責任	個人責任
人に対する全面的なかかわり	人に対する部分的関わり

出所）大平義隆（2017）

　繰り返しますが相互作用は等質化をもたらします。Ouchi の指摘のように，企業どうし，さまざまに学びあうものがあったと思われます。しかしながら，戦後77年たっても，等質化しません。労働組合の違い，評価の違い，雇用の仕方は，根本的に何ら変化していません。特に，仕事の仕方が変わっていません。本来ならば等質化するはずです。なぜこのように違いが生じ続けているのか，差異を形成するメカニズムが，意思下にあると考えるのが妥当です。

━━━━━━━━━━━ 📖 宿　　題 ━━━━━━━━━━━

次の質問に答えてください。

1. あなたにとって，卒業後希望する働き方は次のどちらですか，記号で答え
　　てください。
　　　A　入社して，皆と働く場所。
　　　B　Aとちがい，契約した仕事をする単なる場所。

2. あなたは，会社の条件でどちらを優先しますか。選んでください。
　　　A　長く安定的な会社。
　　　B　いまある能力を伸ばせそうな会社。

3.　個別資本論

　昭和になると同時に，わが国には日本経営学会が設立され，わが国の企業の
維持発展が問題となり研究され始めました。その先頭に立っていたのは，中西
寅雄の個別資本論で，日本独自の観点から書かれたものといわれています。企
業の活動を個別資本の運動と捉え，経済的観点から説明しようとする解釈論で
した。

　三戸[9]は，「日本の経営学が米国一辺倒であったがここにきて米国管理論に
現状不適応が生じているため，原点に返るべきだ」と主張しています。その際，
企業の維持発展には，管理だけでなく経済的考察も必要になると主張します。
わが国では，戦後，中西寅雄がドイツの経営経済学を基に，マルクスの「資本
論」を参考に，経済学を基礎においた先述の「個別資本論」と呼ばれる理論を
設計し，これを中心に経営学が始められています。

　この中で，用いられているのは「労働の二重性」であります。これは，「価
値増殖と労働過程」，です。本書で目的の二重性として取り扱ったものです。

　上記のマルクスの存在に関し述べておきます。マルクスは，現実社会が，資
本家の企業を用いた価値増殖行動によって，労働者は価値を搾取されやすい構
造をもっている点を指摘する重要な存在でした。

　ソビエト連邦はマルクス主義を上げて設計されましたが，前述のように崩壊

64

してしまいました。これは，マルクス主義の社会実験が失敗したとうけとめられています。

敗戦後のわが国経営学者の多くは，個別資本論をベースにした研究をしていたようで，今日でもその傾向は消えてはいません。なぜでしょう。ドイツでは国民経済と私経済，マルクスでは社会経済と個別経済の二項対立を議論の中心においています。国民も社会も，個人行為とは別の存在であるということです。現在，世界的兆候となっている新自由主義の，すべてを「個」に還元する理論，とは異なっているということです。わが国で確認すると，米国とは逆に，「個」を主張することが抑制され，社会や全体が優先されていることを長年にわたりくりかえしています。なぜでしょう。

「構造機能主義」という思考方法があります。ある特定の現象の存在は，その現象を形成するメカニズム（機能）があるからで，その現象が継続する場合，メカニズムを支える強固な制度（構造）が存在するので，現象の説明には，機能と構造の存在を説明する必要がある，というものです。日本で，経営学者がなぜそうなるのか，そもそも日本人が個を抑制し続けているのはなぜなのか，この後，構造機能主義的な説明がなされねばなりません。

4. 日本文化論

(1) 間宏 [10] の意識としての「個即全体，全体即個」

間 は，西田幾多郎，鈴木大拙 [11] といった日本の哲学者の影響を受けています。禅宗で重要な曼荼羅 [12] を想定し，全体と個の関係体として世界をみている，ということです。彼は個と全体の関係を，「個即全体，全体即個」，と表現しています。

「会社人間」という言葉が流行しました。「我社意識」は当たり前の言葉でした。今でも多くの中小企業，中堅企業，大企業の一部で，理念共有が重要だといわれ続けています。

間の説明の特徴は，日米の差異の説明概念として，文化を用いているところですが，そのままだと「文化が違うから違うのです」となります。これだけで

は非科学的です。

(2) 三戸公の「家の論理[13]」

　幾度となく登場する三戸，主要著書は『家の論理』です。三戸は，家の論理が日本人の企業の構造設計に影響を与え，欧米と異なってくるといっています。筆者は，肯定しながらも，なぜ継続しているのかの研究が不可欠だと考えています。

(3) 岩田龍子[14]の「職務の無限定」

　岩田は，アベグレンが提唱し，学会で一般化されていた三種の神器の考え方に反対し，最も違いが鮮明なものは，職務の無限定性にある，と述べています。これを肯定したのは三戸以外には，働き方改革の柱にジョブ型への変更を提案した鶴光太郎[15]以外にはいませんでした。

　かつて GM とトヨタの合弁会社で日本式製造が行われていました。そこでは，終身雇用に近い制度が導入されていました。決定的に違うのは職務限定か無限定だと私は思います。ですからこの主張は正しいと思います。

　しかしながら，岩田の仕事は，特徴的に，違う制度があることを示したにすぎません。必要なのは，三戸同様なぜそうなのか，です。この課題は，後輩の仕事として残されています。

(4) 「集団主義」

　東京大学の高野陽太郎[16]は，日本が会社中心社会であり，その説明を集団主義だからだという一般的な表現を否定しています。以下，高野の文章を載せます。

　　この通説は，戦後間もない時期に出版された，アメリカの人類学者ルース・ベネディクトの著書『菊と刀』によって世間に広まったと言われている。この時期，「日本人は集団主義的だ」という主張に接したひとびとは，戦時中に日本人がとった，見まがいようのない集団主義的な行動を脳裡に甦らせ，この主張に頷いたのであろう。

　　しかし，歴史的な状況をみると，昭和初期から第二次世界大戦終結まで

の時期，日本人は強大な外敵の脅威にさらされていた。外部からの脅威に対抗するために，団結を強めて集団主義的に行動しようとする傾向は，日本人にかぎらず，人間集団に見られる一般的な傾向である。「世界で最も個人主義的」と言われてきたアメリカ人もその例外ではない。第二次世界大戦中の言論統制や敵国からの移民の強制収容，冷戦下の赤狩りといった歴史的事実がそれを物語っている。

　日本人が大戦中にとった集団主義的な行動は，外敵の脅威に直面したときに人間集団がとる普遍的な行動であるにもかかわらず，「集団主義的な文化」の証左であると解釈されてきたのは何故なのだろうか？　その理由は，「対応バイアス」という思考のバイアスだということが明らかになった。「対応バイアス」というのは，「人間の行動の原因を推定するとき，外部の状況を無視して，その行動と対応する内部の特性（たとえば，「集団主義的な行動」と対応する「集団主義的な精神文化」や「国民性」）が原因だと解釈してしまう」というバイアスである。対応バイアスは，数多くの心理学的な研究によって，強固で普遍的なバイアスであることが明らかになっている。

　戦後まもなくの時期，「日本人は集団主義的だ」という主張に接したひとびとは，日本人が戦時中に見せた集団主義的な行動を思い起こしたとき，この対応バイアスの作用によって，歴史的な状況を視野に入れることなく，「日本に特有の文化・国民性が原因だ」という主張に納得してしまったのではないかと考えられる。すなわち，「日本人は集団主義的だ」という通説が広く信じられているという現状は，決してこの説が正しいことを証明しているわけではなく，歴史的な状況と普遍的な思考のバイアスによって充分に説明がつくことなのである。

個人が自己防衛のために集団主義を選択する，というものです。これはどんな人間にもありうる話であることから，高野の言い分は正しいと思います。しかしながら，自己犠牲，利己心を捨てる，わがままを言わない，といった行動原理が形成されているので，そもそも「自己防衛機能」が働かないと思われま

す。すると，高野の見解は単に外国の文献の引き写しにすぎず，「集団主義の通説解決」にはなっていません。

5)「間主観的行動」

現代の米国側の社会は，利己的で，個人合理的な，「個と個の便益の交換（経済活動）」で組み立てられているように思われます。このため，個人間格差が拡大し社会的な問題になっています。こうした社会では，他者の不幸に対する不安が生じる可能性があります。それは個人を維持する欲求以外に我々を維持しようとする欲求があるからです。

間主観的行動は，こうした欲求に伴う，相手の視線や声，表情やジェスチャーを通じて相手の感情を感じ取り，相手を理解しようとする行動です。

日本的経営の議論の中で，現象面での，日本人に多い「察し」や「気働き」行動をみて，日本人の行動の特徴を説明しようとするものです。第1に，この行動は，誰にでもどこの国でもある話だということです。第2に，米国ではやった議論が，そのまま日本の特徴を示すものとして取り上げられる理論展開のおかしさが存在しているように思います。第3に，なぜ日本の特徴となっているかが説明できません。第4に，日本の場合，利己性が抑制されているので，利己性を発揮しすぎた反動ではない，ということです。

日本文化論の功績は，現象面での差異を明らかにしたことにあると思います。これによって，機能を探索し，構造を調べるきっかけになると思われます。日本人の意思決定は状況を参照して行います。行為の理由を求められると，必死に状況を説明します。決して論理的ではありません。ここで取り扱ったものは，まさに状況を説明するものではあり，メカニズムを説明するものではありませんでした。なぜそうなのか，どうしてそうなるのかを論理的に説明されたものではなかった，ということです。

第2節　人事管理にみる日米の差異 [17)

1．人事管理にみる日米の差異

次に，日米差に関して，社内の人事管理に関することを取り上げましょう。

表4-3　人事管理に見る日米の差異：日米システム比較：採用，仕事，離職

	日本	米国
●採用		
1) 採用時期	4月に新卒者一括採用　その後「配属」	ポストの空きができた時
2) 採用基準	様々な観点，社風にあったもの	ポストに必要な個別能力
3) 参加の欲求	所属欲求の充足＋生存欲求他：社会的高位置づけ	生存欲求他
	（例：偏差値）を選択（自己基準ではない）	主観的位置づけ
4) 参加の準備	技術職以外は，能力全般と状況適応能力を準備。	採用時の個別能力評価の為，事前に
	個別能力は，配属後に現場 OJT でおこなう	能力準備
●仕事：会社		
集合，競争	宿題：対面の効果	
	宿題：相互作用はどこからきた？	
1) 相互作用		
・コミュニケーション	状況説明と察しと気働き	自分の意思，主張を伝える。キャッ
・緊張緩和	緊張を高めないようにする＝社会調和方法	チボール型
	・・ホールは，日米の靴磨き（人）とのやり取り	緊張は高まるが相互尊重で緩和
	の比較から，日米の違いを見出したようです	＝社会調和方法
2) 分業，制度		
・仕事の決定	採用後，会社の状況で，その都度，配置。	職務契約で決まる＝職務明細書
・決定権限	決定権限は上位（全体責任＝責任不明）	契約範囲内で自己基準の判断（個人
	（代表権の有無）	責任）
環境変化対応	配置転換などで対応（強み＝柔軟性）	：命令➡指示，明示
・仕事の判断	：命令➡状況説明（これを察し，気働き，忖度）	変化対応には，命令，それ以上には
	状況の中で調整（ホウレンソウ）し行動する	契約変更
	会社一体化（皆と認識）＝柔軟性（配置転換等）	
	＝終身雇用慣行を許容	
	＝会社都合	
	＝過重労働，過労死，有給不取得，横並び	
	（教育期で察し気働き訓練。➡理念共有，一体化）	
	注意は程度。歯車注意	

・制度	終身雇用慣行 　自動更新条項つき	随意雇用制度・職務給制度
契約 　仕事範囲 　解雇，退職	所属契約 　職務無限定 　整理解雇困難，定年制度	職務契約 　職務範囲限定 　レイオフ可能，年金受給年齢で退職 　定年は人権侵害
3）結果要求 ・能力向上 ・目的一体化	 会社都合 　配置転換，定期異動，仕事分担（管理者育成） 理念設計と共有 ナレッジマネジメント＝知識の共有	 自分都合：大学，大学院進学 　優秀人材引付にリスキリング導入 する会社も 理念共有困難，非公式組織利用困難 　＝高額の差別的賃率出来高給 ナレッジマネジメント不能
●離職 1）離職	 会社の退職制度：定年；政府は延長や廃止要請 準制度退職：結婚・出産退職（居辛い状況形成） 　同一職への復職困難 　＝配置は会社状況都合だから	 会社の退職制度（定年）不在（個人 が決めること） 離職は，年金支給時が多い

2. 人事管理にみる日米の差異のさらなる説明

　会社の中での活動を，「活動の決め方」「活動に必要なコミュニケーション」，この2つを説明することで理解してもらおうと思います。

(1) 意思決定

　企業における意思決定は，日米でまったく異なっています。通常，米国的な意思決定を前提に，意思決定そのもののプロセスが議論になりますが，ここでは，そのプロセス以前に相違があることを主張します。

　企業における意思決定は，① 必要な権限と関係し，② 決める際の重要な価値的参照先を必要としています。

① 日本の場合，個人は決定権限をもちません。米国の場合，職務範囲内での権限があります。どのように仕事をするか，結果を出すかは個人の責任です。ですから職務給制度では結果だけが重視されるのです。

② 参照先は，日本の場合，おかれた状況が参照先です。自分で決めることはありません。米国では，自分自身が参照先です。つまり，日本企業の日本人は組織的機会主義的決定をすることが多く，その結果自らの命をも犠牲にしてしまうようになります。米国ではそのようなことはありません。個人的機会主義的な決定が多いように思えるからです。

また決定は職務の関係で個人で行う米国に対して，わが国では集団で行うことになります。稟議制度，全会一致はどこの会社にも存在するはずです。

このように，職場に外国人がいる場合，同じように会社で働いていても，同僚であったとしても，まったく違う意思決定をしているのです。この違いは，米国においてではなく，日本企業内において重要となります。また，後に述べる横並びは，ここから生じてきます。自分でオリジナルな決定ができない，ということです。このことは行為の責任問題ともなります。無責任な行為が発生する可能性をもっているということです（また，学生が何をしていいかわからない，というのも，自分で決定する教育が存在しなかったことの証明になると思われます）。

(2) コミュニケーション

企業におけるコミュニケーションは，日米でまったく異なっている。外国文献で紹介され，移入されているコミュニケーション，という語や概念は，価値的に独立した個人が，個人合理的に行う，他者に対する一つの課題解決のための意思伝達手段，といえます。通常，このような米国的なコミュニケーションを前提に異文化間問題の議論が進みますが，わが国のそれとは，実はコミュニケーション自体が全く異なるので注意が必要です。わが国では，自分の意思を決め相手に伝える，のではなく，自己主張を控え状況を感じてどうすべきか考えるように育てられるからです。状況が変化しているため一致する必要を感じ，状況に合わせた決定をするために，自分の位置確認，状況確認を絶えず行っている，といえます。したがって，まったく異なるものです。

1) ホウレンソウ

日本企業のコミュニケーションの特徴は，ホウレンソウと言われることが多いのです。ホウレンソウは報告・連絡・相談で，上司との関係，同僚部下との関係，が含まれています。簡単にいうと，日本企業の従業員には決定権限がないこと，職務が限定されていないこと，これらが原因で，仕事を進めたり，決定したりするのに，その都度調整が必要になるということです。したがって，絶えず「一緒にいる」ことが求められます。そこから，上司は部下を自分の子のように守る期待が他の国よりも大きくなることが予想されます。

　このような日本人管理者が日本以外で育った外国人を部下にもつ機会は増えています。彼らが必ず思うことがあります。彼らは，なぜ任せてくれないのか，なぜ子供のようにいちいち報告しなくてはいけないのか，馬鹿にしているのか，と不満をもっています。この不満が不平となって出てきたとき，日本人上司は，ホウレンソウが当たり前でありすぎるため，なぜ必要かの答えを用意しておらず，困り果ててしまうだろうと思われます。

　2）日本では，飲みニケーション，は意味がある

　意思決定の説明で登場する稟議書（企画書のようなもの）だが，普通にしてうまく稟議書が回るわけではない。そこで，反対されないために，事前の関係性が必要になります。具体的な根回しや貸し借りの関係，親密な関係を構築する必要があることになります。大きな役割を果たしたと思えるのが，飲みニケーションです。これを学生時代に学習しないと，社会に出て苦労すると学生時代に先輩から教えられました。ところが，コロナ下においての飲み会の禁止は，わが国コミュニケーション構造を変化させたのかもしれません。

　この，意味のある飲みニケーションですが，公式業務ではない。残業代も出ないし，飲み食いは個人持ちです。しかし，重要な機能をもたされています。参加しろ，とはいえないので，「付き合いが悪い」といった婉曲的表現や周囲の賛同を求め，参加を促します。機能さえわかれば，ゆがんだ管理をしなくてもよいような，課題を解決するような工夫を生むことはできるのではないでしょうか。こうした点に興味をもつ若手の研究者が増えることを期待したいです。

　3）ファイヤーウォール[18]

　説明書を読めない，契約書を読めない，自己防御できない，そんな日本人が多いようです。封建主義社会では，上意下達が基本で，服従という言葉に一致します。日本人全体が他とは違う場合，教育期での相違が存在するということでしょう。大学の大人数授業を受容する学生がわが国で一般にみられること，大学入学以前にすでに一方通行の暗記教育になれていると思われること，これらをみると，服従教育ではないとしても判断機会[19]は付与されているとはいいがたい，ということができるでしょう。人間を合理的行動をとると仮定した

場合，自ら守る能力によってファイヤーウォールを構築している，と仮定しています。都合の悪いことは拒絶する，です。

判断機会が付与されているとはいえない場合，企業での指示に対しては，それを受容するかどうかを吟味することがしにくく，服従することで忠誠を示すことになるかもしれず，自己防御ができない状態であるかもしれません。こうした従業員の状態を認識できない場合，経営者は自らの合理的な決定で行動していると都合よく考え，かつまた，他もそうであろうから，「自分だけではなく，皆もそうしている」と不正を正当化し，「従業員へのただ乗り」を行っているかもしれません。その結果，「従業員の会社へのただ乗り」が発生し，二重の生産性の低下を招くことになるでしょう。

▍第3節　人と人の相互作用：違い

1. 相互作用から生じる私意識と我々意識

人間は必然的に相互作用をします。相互作用の結果，我々意識を必然的にもつようになります。したがって，人間は私という意識と我々という意識をもつことになります。このことは本書の最も重要な主張となっています。

　事例：夏休みの部活の合宿スケジュールや参加に関し，個人の予定とぶつかった場合。

問題は，私と我々は対立するため，人間が集団を形成する場合，歴史的（近代までは，封建主義的社会：国王による支配，教皇による支配）には，緊張は緩和されることになるようです。つまり，どちらか一方を優先し他方を抑制する，ということで，緊張を緩和してきたと思われます。意識は，抑制されると緊張を生じます。表面的には見えなくても，緊張が潜在的に蓄積されています。

　事例：英国における奴隷貿易の過去は，今頃になって噴出しています。

封建社会からの離脱としての近代　歴史を見ると，中世といわれる時期までは，国王支配，教皇支配だったように見えます。つまり，全体優先個抑制だったのでしょう。ルターが登場しキリスト教国は聖書理解で一変します（宗教改革）。

神の声は司祭しか聞こえないので教会に逆らうと天国にはいけない，といってきていました。ところが，ルターは，神は誰の声も聞いておられたんだ（万人祭司），といって宗教改革の扉を開きました。これで司祭の権威は失われ権威のピラミッド構造は崩壊したともいえます。しかし，国民が主権を持った国家が登場するのはだいぶ先になります。近代になって，それがなされ始め，封建主義は民主主義へ離脱していきます。

　民主化した国家では，個を優先し全体の影響を抑制しようとするでしょう。働き方では，職務給制度の話をしてきましたが，職務の限定を特徴とするものでした。職務を限定するということは，全体の変化が個々の仕事にかかってくることを回避するように設計されている，ということができます。したがって，マネジメントは，このことが課題となってきます。

2．アジアの米国化

　アジアでは，特に中国の影響が大きく，一族（クラン）主義が特徴といわれていました。このことを知らないで中国の歴史ドラマを見ると日本人はイライラします。ところが，すでに述べたように，改革開放時に，中国では教育の米国化が行われています。民主教育は日本にはなく中国に存在している，と筆者は固く信じています。また，米国大学，大学院への留学者数は中国が飛びぬけており，あらゆる学問を学び，中国に持ち帰るばかりか，彼ら自身がさらに民主化して帰国しているものといえます。このことは，アジア諸国全般にいえることですが，例外はわが国です。一般に，上海の成長は，新しい世代の若者が，クランの束縛などがなく，機会主義的に投資を行った結果ともいわれています。

　しかし，アジアで日本は，異なり続けています。わが国は，封建主義教育を持ったまま現在に至っています。したがって，個優先型ではなく，全体優先型になっています。もちろん，現在は一族主義でもなくなっています。かつては，一律アジアは封建的で日本と同じと考えることもできましたが，現在はまったくそのようなことはなくなっています[20]。したがって，わが国が異文化間での議論をする場合には注意が必要となります。

第4節　横並び[21]

　本書では，学習にあたって，経営を定義しています。経営とは，米国におけるマネジメントと同義で，会社を維持発展させることを意味する，ということです。マネジメントは，「人を通して業績を達成すること」といわれます。会社は，多くの人を集め，その人たちに仕事をしてもらうものです。また会社の維持発展は，業績を上げることともいえます。経営とは，こういった意味です。先に進む前に，一度復習しておきましょう。

(1) 米国マネジメントの課題

　さて，これまで米国のマネジメントを学んできましたが，そこには，人を集めて仕事をしてもらう，ということから生じる特有の課題がありました。マネジメントはこの課題を解決することが目的になっていたと考えることができます。その課題は2つありました。

　一つは，目的の二重性の解決です。人を集め仕事をしてもらう場合，目的を細分化し，他人にそれを依頼するという分業を行っています。家族や友人間では行うことはほとんどありませんが，他人に仕事を依頼する場合，一般的には，何をどのようにするといくら支払うか，契約を結びます。米国の場合，社会が個人の自律を求め，仕事の契約にも反映され，職務給制度が使われています。これは，仕事と決定の範囲がはっきりと決められているものです。日本と違い，仕事の仕方は契約した相手に任されます。自分の目的を細分化し分業したとたんに，分業した目的は契約した相手に任されてしまいます。自分の目的ですが自分の自由にはなりません。これは目的の二重性です。多くの人を集め，分業する場合，個人主義を中心に据える社会では，必然的に生じる課題です。

　この場合，環境変化がないか少ない場合，任せた相手が仕事を契約通りにし

たかどうかが問題になり，経営管理論が必要になります。しかし，環境が変化した場合，いちいち契約変更をしていては時間がかかり，競争が激しい場合，勝てないかもしれません。そこで，任せた相手を会社の目的に「巻きこみ」という考え方が生じ，組織論や組織行動論が登場します。

　2つ目は，非公式組織の離反性の解決です。人を集め仕事をしてもらう場合，仕事はそれぞれ分業されますが，分業した者同士で相互作用が必然的に生じます。ホーソン実験で生じた，非公式組織，が生じるのです。この非公式組織が，少なくとも，会社に離反的にならないようにすることが課題として生じるのです。

(2) バーナードの解決策

　バーナードは20年間の，会社の経営者としての経験を一冊にまとめています。彼は，経営者として，先にあげた2つの課題に直面し，それを同時に解決していました。

　問題は，他の人がそれをしようとしても，かなり困難だ，ということです。

　一つは，バーナードの理論の困難さや著書の理解の困難さです。彼は，非公式組織を我々意識ととらえていたようです。人は相互作用で会社と一体化する可能性をもっています。相互作用の結果生じた非公式組織が会社と矛盾しない場合，会社を我々と把握することができるのです。このように，2つの課題を同時に解決する，というのがバーナード理論です。また，バーナード理論は，個人と我々の維持（欲求）を同時に叶えるもので，どちらかが残ると不満や緊張が残存することを問題にしているため，彼の理論は社会的調和の理論ということができます。しかし，理屈は簡単ですが，実際に，バラバラな人たちを，分け与えるものに余裕のない会社と一体化させ続けるという面倒な仕事を，使命として感じ働き続ける経営者や管理者がどれだけいるでしょう。

　2つ目は，考え方です。先にあげた，社会的調和を求めるものがこれまで取り上げられることが少なかったように思えます。米国では，有名企業（GE）によるスタック・ランキングの提案がありました。毎年下から30％を首にし，上位10％に破格の給与を与える，という仕組みで，従業員を走り続けさせてきていました。この仕組みは，非公式組織を無視し，目的の二重性は一部の勝者への

破格の給与で解決していました。したがって，社会的調和はありません。この結果，モチベーションが下がり，業績が下がることは目に見えています。業績が下がれば売却すればよいという利己的な投資家の視点だけだと人の住む世界は崩壊します。経営者は，社会的調和者になりえるのです。

(3) 日本的経営の登場

戦後10年を経過した頃から，わが国は高い経済成長を始めることになります。この流れは，1958年から1990年のバブル崩壊まで続いていきます。アジアの小国で，しかも敗戦国日本が経済発展をするなど，想像することは欧米にできなかったのかもしれません（アジアの星になったのです。ですが競争優先で，周囲の困った国を顧みる度量を持ち合わせていないまま，現在に至っています。こうした日本を「エコノミック・アニマル」と呼ぶ人がいましたが，なぜそうなのか，日本人にはいまだにわからないと思います）。

こうした中で，1970年代以降，日本への関心が高まります。そこに登場したのがアベグレンの「三種の神器」と呼ばれる3つの制度的特徴理論（終身雇用，年功制度，企業内組合）でした。こうした関心はわが国が成長しているときにだけ生じます。

バブル崩壊後，経済的に困窮したわが国経済は，米国式の思考が広く導入され，そこから日本的経営は一部（年功制度）否定されていきます。

新しい世紀に入り，世界的にコーポレートガバナンス，という言葉が広がり，経営の重要な用語ともなりました。始まり（2001年）は，企業（エンロン[21]）の粉飾決算によって予想外の株主への不利益が生じたからです。ここから世界は株主中心の政策へと変わっていったように思います。わが国では，経営トップは経営者でしたが，これ以後，【会社は株主のもの】といわれるようになりました。

2010年以降は，働き方改革が進み始めました。これは米国化に他なりません。そして根底が，リストラであるならば，大企業優先ではなく，外国人投資家保護を意味しています。こうした投資家の利益を守る政策は，貧富の差を拡大させています。経済政策は，格差解消を目指していたはずですが，現実には真逆

の方向をとっています。

ところが，ガバナンス形態の変更には時間がかかっています。またジョブ型
への変更は進んでいないように思えます。何が，変更を妨げているのでしょうか。

（4）日米の相違とは

ここで，日米の，長い期間変化しない相違点，を確認しておきましょう。そ
れは，個人都合か全体都合かの意思決定，や判断の違いだったと思われます。
個人都合は，利己的な，個と個の便益の交換を背景にしています。全体都合は，
個人の，会社との容易な一体化を背景にしています。

わが国には，個と全体の理解の相違，があります。これまで見てきたように，
政府の政策は米国化です。また科学者の科学的態度はウェーバーの方法論的個
人主義です。この2つは，基本的に一致しています。ところが，多くの企業は，
米国化を勢い良く進めているわけではありません。そこには，変化させないメ
カニズムが存在している，と考えるべきでしょう。これは，以下に紹介する社
会現象の存在を根拠にしています。

こうした，相違を証明する意義とは，政策的にアメリカのようにすると，人
の努力がまったくの無駄になってしまうこと，都合の良い人間に単に利用され
てしまうこと，があげられます。現に経済格差，所得格差は正当化され，拡大
しているからです。

（5）具体的根拠

・意思決定の違い（個人都合（自己参照ではない），全体都合（状況参照））
・制度の違い（三種の神器。そのほかの違い＝全体都合）
・社会現象の違い（横並び，過労死，いじめ，無質問行動等）
　　＝修正できず残存している現象（研究面で，政策面での失敗を意味します）
　　＝すべて相互作用。わが国で，確率が高く発現しています。共通して修正
　　　が困難，理由は，メカニズム研究の不在，不明です。
① 横並び：日本経済新聞での掲載量から判断しますと，1980年代に入り，主
　　　　　に批判的な表現で用いられ，現代に及んでいますが，他者を説得
　　　　　する場合にも用いられていることがわかります。「みんなしていま

　　すよ」「みなさんお買いになります」などです。

② いじめ：昨年 (2022) 度も過去最高を記録。相互作用の緊張を解く緩和行為
　　だからどこにでもあります。問題は，緊張は何かです。ここが不
　　明で，解決できず，数が増えています。

③ 過労死：過労死は，過労死弁護団ができ，世界的に注目を集めた社会現象
　　でしょう。

④ 無質問行動：日韓で講義をしましたが，韓国ではしっかり質問が来ます。
　　日本では現在でも質問がきにくいです。

📖 宿　　題

課題：上の①から④以外に，何かあるか考えてください。

---

(6) 現象に見る外部価値参照

　横並びという現象は行動の結果です。したがって，必ず個人の自らの判断に
よる何らかの意思決定の過程（自己，自社に合理的な意思決定の過程）を通した結
果，と分析されることが多いです。何も横並びに限らず，すべてをウェーバー
のいうところの「方法論的個人主義」をもって比較分析するため，現実を見誤
る結果になっていると考えています。方法論的個人主義は，個人主義が社会的
に形成されているところでは有効な分析手段になりますが，個人主義が社会的
に形成されていないところ，すなわち全体を優先する行動を形成する社会との
比較で用いたら，正しい研究が行われるはずがありません。

　他方で，本章で述べる横並びとは，個々の判断基準に従った個々独特の意思
決定の結果を，ここでは想定していません。そうではなく個々の判断基準の外
部にある基準（外部の参照基準）に行動の価値を参照します，しかも，それぞれ
の企業が共通して同一の基準にアクセスすると，それらの行動の結果は同質化
することになる，という考え方です。個別企業にとって自社合理的な判断の結
果ではありません。この意味で，意思決定理論の前提を用いた研究を否定して

います。

　企業の文化差をめぐる議論は，これまで多くなされてきていますが，多くは状況の説明に終始しているように思われます。したがって，文化という行動のパターンがどのように成立し継続していくのか（＝パターン）を理解することにはつながりません。

　この文化差の議論を明確にするためには，明確にし得る状況の特定化（すなわち，横並び）と，異なる状況を形成している人間行動（すなわち，外部価値の参照）の特定化，を行うことが有意義なものとなります。

1. かつての横並び；企業の最重要決定事項に関する一般的行動としての「横並び」[22]

　一般に企業は，個々に経営の意思決定機能を有し，そこでは個々独自に目的合理的に意思決定を行っている，と考えることができます。しかしながら，わが国企業の行動には同質的な，横並びが多く見られるのです。

(1) 春闘にみる横並び行動の事例

　日本の賃金上昇分の決定方式は，春闘方式と呼ばれてきました。賃金の上昇の過程は，リード役となる企業（日本の各産業のトップ企業）によって賃金上昇の相場が形成され，他社は相場（春闘相場）を基にして自社の上昇分を決定してきました。自動車産業のリード役であったトヨタ自動車労働組合の小田桐勝巳委員長は，「来春もわれわれは自分で決めるしかない。他社がみんなトヨタを見ているからだ」といい，トヨタ自動車磯村巌副社長も，「他社が代わってくれるとも思えない。組合が来春もその気ならリーダー役は降りられない」[23]と1992年時点では答えています。

　年功賃金を基にした平均賃金の引き上げは，「平均」が個人の賃金の「平均」として反映してきます。だが当時，能力主義を重視し，目標管理制や年俸制が普及し始め，一時金や福利厚生への関心が高まると，平均の意味は薄れます。経営者側は，賃上げ抑制を春闘のアナウンス効果に求めつつも，業績格差を無視できず「個別事情」を反映させるため春闘の変革を求めるという矛盾した考

えに至っていました。

日経連（日本経営者団体連盟）は，平成8年版労働問題研究委員会報告の中で「いわゆる春闘の見直し」と題して，「これまでの春期労使交渉の最大の特色は，横並びによって賃金が決定されてきたことである。…賃金決定は，マクロレベルの生産性基準原理を基本に据え，個別企業のミクロレベルでは，経営計画による支払い能力に基づいて合理的に行うべきである。…横並びの賃金決定を見直し，自社の経営実態を直視した自主的な姿勢を経営者に求めたい」[24]，と述べ，福岡専務理事は，1996年の第49回定時総会で，「まず第一に，従来「春闘方式」の大きな問題点の一つとして指摘してきた「横並び」が十分ではないが崩れ始めたことがあげられ，造船や自動車などの回答に見て取ることができる」[25]，と述べています。たしかに，1996年はそうでしたが，1997年はまた企業の「業界並み」の横並び色が鮮明になっています（表4-4）。

また，当時豊田章一郎会長が経団連会長でもあったトヨタが，過去最高益を出した本田，高業績のマツダを大きく上回る数値を妥結直前に提示しましたが，このような個別行動はこの時が初めてで，当時の経営者団体の期待を大きく裏切りました。稲葉興作日商会頭は3月18日の記者会見で，「率直に申しあげて，おやっと思いました。ちょっと高いのではないか」と発言しています。これに対し，奥田碩トヨタ社長は，日本経済新開のインタビューに応えて次のように述べています[26]。高い賃上げ幅への質問には，「春闘は各社の労使が交渉することだ。なぜ要求からして各社一律1万3千円になるのか。業績をはじめとして個別の事情がそれぞれあるのにだ」と，大幅賃上げが他社の賃上げを誘発し高コスト体質を進めたのではという質問には，「自らの賃金は自分達でしっか

表4-4　1997年度自動車，造船重機の賃上げ（単位：円，（　）は1996年）

自動車			造船重機		
	トヨタ自動車	9,400（8,700）		三菱重工業	9,000（8,700）
	日産自動車	9,000（8,300）		川崎重工業	8,700（8,400）
	本田技研工業	9,200（8,400）		日立造船	8,700（8,400）
	三菱自動車工業	9,000（8,400）		住友重機械工業	8,700（8,400）
	マツダ	9,000（8,100）		三井造船	8,700（8,000）

出所）大平義隆編著（2006）『変革期の組織マネジメント―理論と実践―』文眞堂。
　　　日本経済新聞（1997.3.19）から作成。

りと決めるべきだ。そもそも能力・成果給の拡大などで，個々人が実際に受け取る賃金は千差万別になっている。『平均でいくら』ということ自体，意味が薄れている。意味の薄いことで比較したり，横にらみしてもしかたないじゃないか」と，マツダのトヨタ以上の賃上げ幅については，「変な横並びをせずに自らが決めたという点でむしろよいことだ。それで労使が最もうまくまとまっていくのであれば，他人の動向などは気にすべきではない」と，経団連会長会社としてはわかりにくい行動ではないかという質問には，「日本の構造改革を断行しようという時に，そんなことをいう方がおかしい。賃上げだけではなく，あらゆることについて同じことがいえる。行財政改革や規制緩和などを進める最中に，何でまた横並び的な言動が後を断たないのか」「これからはさらに優勝劣敗がはっきりする時代になる。いろんな人と会って話しをしていると，最後は結局『ここは日本』みたいな横並び的な意識，農耕民族的な結論に終わることが多い。われわれがもって生まれたものの問題だけれど，もういい加減に変えていかないといけない」と応えています。こうした奥田の主張には，経営者団体の主張にある矛盾はみられません。

　いずれにせよ，「横並び」の文字が頻繁に用いられる「春闘」には，相場を求める行動の中に横並びがあり，業界並みを求める行動の中にも横並びがあり，そしてまた賃上げ抑制を求める行動にも横並びを見出すことができます。平成9年は，春闘において奥田碩を擁するトヨタがこれからの企業の意思決定のあり方を自らの行動で明確に示した，画期的な年でした。

　9年後の2006年，奥田碩は経団連会長職最後の年となりましたが，春闘への考え方には何の変わりもありませんでした。会長は記者会見で，トヨタ自動車労組などが賃上げ要求を固めている今春闘に関してと，それまでの標準に横並びすることなく自らの頭脳でデザインした中部空港に関してのコメントを求められ，次のように答えています。「トヨタ（の動向）を見ながらというやり方は不愉快。同業種で同額の要求はやめた方がいい」と，横並びの動きを批判。近く開港1年となる中部国際空港が進める低コストの黒字経営については「評価する」と述べました[27]。

　ここでみえるのは，模倣を独自の戦略的意図的であるというよりも，外部参照であるということです。

(2) 製品開発における事例

　製品開発における横並びは，他社が開発するか着手した市場分野に，我も我もと同業他社が参入し，市場シェアを競い結果として収益性を下げてしまうような状況を指しています。たとえば，DRAM は世代交代ごとに設備投資競争が行われ結果業界全体として低収益性に悩まされていました。日本経済新聞 (1992.3.1) の推定では，4 メガビットのメモリーの推定市場規模は 3，4 年のライフサイクルで 1 兆 5 千億円。国内メーカーだけで 8 社がなだれ込み，少なくとも 8 千億の設備投資が行われると，利益は多くて 1,700 億円にとどまり，これでは設備の消却が精いっぱいで，利益がでるのは 2，3 社にとどまるというものでした。当時，日本電気の松村富広副社長は「今のメモリー開発の先端競争はゴール目前の競馬そっくり」「ムチを入れて懸命に走っても，横並びで利益がでない」と，また富士通の山本卓真会長は「我も我もとなだれ込む『ミーツー』ビジネスは先行者利益を与えない」と，先の紙面で語っています。

　「日本企業は，同業他社がやっているならやろうと，負けずにやることは，競争心がある証拠だと考え…，欧米企業の常識では，他社と差別化することで収益構造も良くなるし，独自性を出すことが経営の要点であると考え」[28] としているとすれば，この差異はあまりに大きいです。横並び競争は開発リスクを回避し製品を量産するには都合がいいが収益性は犠牲にされていました。新製品開発の横並び行動には，企業の意思決定における「業界」の動向を重視し，それに自社の重要決定をゆだねる姿がみえてきます。京セラ稲盛和夫会長のいうように，横並びで誰かの新しい試みに群がる企業は，「誰も行かない獣道を一人で歩く自信がないことの現れ」[29] なのかもしれません。

　横並びの性格を渦中の人間が説明しているのである。こうした話を聞くと，意図的であるとの説明を支持することはできません。そうではなく，判断価値の外部参照である，という考えが生じます。

表4-5　環境問題への取り組み

			(%)
独自に取り組んでいる	7	「独自」	35
独自の方に近い	28		
業界協調の方に近い	43	「協調」	65
業界協調で取り組んでいる	22		

出所）大平義隆編著（2006）『変革期の組織マネジメント―理論と実
　　　践―』文眞堂。
　　　21世紀企業研究会（1995）「企業経営における環境政策の研究
　　　―経営基盤，環境問題への取り組み，環境対策の成果―」か
　　　ら作成。

（3）その他の重要決定

① 〈企業の環境行動における事例〉

　環境庁国立環境研究所が住友生命総合研究所に委託して実施した「地球環境
問題をめぐる消費者の意識と行動が企業戦略に及ほす影響」調査の「企業編」
で，2,093 社からの回答をみると，環境問題に関する情報交換は「業界団体と」
が49.3 ％で最も高く，「取引先との情報交換」は 39 ％でした。ここからは取
引先よりも業界団体を気にする姿がみえます。同様に 21 世紀企業研究会のア
ンケート調査[30] によれば，環境問題への取り組みは，「独自に取り組んでいる」
が 7 ％，「独自の方に近い」28 ％，「業界協調の方に近い」43 ％，「業界協調で
取り組んでいる」22 ％となり，「独自」の取り組みは 35 ％であるのに対し，「業
界協調」が 65 ％となっています。企業の環境行動の意思決定に際して，企業
は独自の決定基準に伴う決定ではなく外部の基準「業界団体」に自社決定をゆ
だねる姿がみえます（表 4-5）。

② 〈中小企業の週休 2 日制導入に関する事例〉

　労働省（1990）「賃金労働時間制度総合調査」では，完全週休 2 日制度を実施
している企業は当時全体で 36.9 ％でしたが，実施率は企業規模が小さくなる
ほど低くなっていました。調査によると，中小企業が週休 2 日制を実施しない
理由は労働省（1989）「労働時間短縮に関する意識調査」では「同業他社があま
り実施していない」が 49.5 ％と最も高い理由となっていました。すでに長時
間労働が社会的な問題となり，人的資源獲得，企業評価，業務の効率性，自社
独自の決定の必要などが十分に感じられている時に，時短への取り組みという

重要決定は「同業他社」の動向にゆだねられていました。

　中小企業にとって環境対策も雇用制度の変更も，きわめて個別的な責任の問題であり，その意味で直接業界とは関係がありません。にもかかわらず，業界協調が優先，同業他社に配慮するのはなぜでしょうか。少なくとも，個別責任の問題は，業界が肩代わりしてくれたり，同業他社が責任をとってくれるわけではまったくないのです。

　独立企業の経営者は重大決定における自己の決定機会を集団に依存しているようにみえます。つまり，意図的に横並びにするというよりは，外的な権威に依存しての重大決定と考えることができるのです。

（4）企業による「横並び」の問題視

　では，企業ではこうした横並びのパターンをどのように認識しているのでしょうか。1993年，1996年に日本経済新聞社が行ったアンケートによれば，変更すべき事項のトップにいずれも「他社追随体質」「横並び」があげられました。1993年12月に行われたアンケートは，東証1部上場企業500社の企画統括部門の課長を対象に行われ，「製造業活性化のために改善が必要なこと」という設問に対し，回答は「他社追随体質」がトップで48.8％でした。製造業だけの数値となると51.3％と上昇していました（表4-6）。

　1996年10月に行われたアンケートによると，「日本的システムに対する見方」と題していくつかの項目があげられていますが，その中で，今後日本的システ

表4-6　製造業活性化のために改善が必要な
こと（2つまで回答）〈n=500〉

	(%)
他社追随体質	48.8
シエア優先主義	39.0
年功序列システム	29.6
大量生産システム	29.4
カルテル体質	16.6
系列システム	13.6
終身雇用制	8.4

出所）大平義隆編著（2006）『変革期の組織マネ
　　　ジメント―理論と実践―』文眞堂。
　　　日本経済新聞社（1994.1.）課長アンケート
　　　から作成。

表4-7　日本的システムに対する見方：極端に変更に偏る項目〈n=178〉

	変更すべき	守るべき
各種規制	82.0	0
年功序列	61.8	0
横並び	54.5	0

（%）

出所）大平義隆編著（2006）『変革期の組織マネジメント―理論と実践―』文眞堂。
日本経済新聞社（1996.10.）社長アンケートから作成。

表4-8　2005年までに排除したい日本的経営（1つ回答）〈n=200社1,151〉

	（%）
前例主義	27.9
根回し・稟議制	27.3
年功序列制	21.8
他社追随・横並び主義	17.2
終身雇用	4.2
カルテル体質	3.1
売り上げ・規模の優先	3.0
系列システム	1.4
シェア優先主義	1.2

出所）大平義隆編著（2006）『変革期の組織マネジメント―理論と実践―』文眞堂。
日経産業新聞社（1996.12.）[2005年の課長」アンケートから作成。

ムの中で変更すべきものはどれで，守るべきものはどれなのかを問う形式になっています。アンケートの対象は，東証1部上場企業および非上場企業のうち有力企業91社，店頭公開企業87社であり，それぞれの社長から回答を得ています。得られた回答のうちで，「守るべき」が0％で，「変更すべき」が高い数値になっている項目をここにあげました。それらは，「各種規制」82.0％，「年功序列」61.8％に続き，「横並び」54.5％でした（表4-7）。

　表4-8は，1996年12月のアンケートです。課長に対するアンケートでも，前例主義，根回し，他社追随など横並びにかかわる項目が変更の対象となっています。

　一連のアンケートから，わが国の大企業においても，多くの企業が横並びの意思決定を体質的にもっていて，横並びの体質の変更を求めてはいるものの，そうした横並びの意思決定体質が体質であるがゆえに変更困難であると認識していることがわかりました。

（5）経営者団体による「横並び」の問題視

　経済同友会は，2000年度の提言・意見書として「新時代に向けた企業経営―革新への考察」[31]をまとめており，その第2章では，以下のように横並びについて取り上げています。ここから，経済界における横並びの理解の1例をみることができるのです。

§2. 求められる経営革新

『横並びの経営革新からの脱却』

　グローバルな市場経済化の進展は，企業間の競争環境を根底から揺るがし，まさに企業対企業の優勝劣敗の戦いを引き起こしている。日本企業がこの戦いを乗り越えていくためには，これまでの横並び経営に甘んじる体質を切り捨てて，企業の「個性」を発揮する独創的な経営システムを構築していかなければならない。

　そのためには，それぞれの企業が直面する問題の本質を明らかにし，自社の経営課題をしっかりと認識した上で，それを解決する最も効果的な経営手法を導入していくことである。すなわち，ベンチマーキングに依存したレディーメードな解決策ではなく，自社の経営課鹿の寸法に合わせたオーダーメードの解決策が必要なのである。

　また，「一過性の改革熱」に冒された横並びの革新は，個々の企業が直面する問題の本質を究明する機会さえも，経営者から奪い取ってしまう危険性があることを見落としてはならない。

　現在の横並びの革新から脱却するためには，経営者が過去のしがらみに縛られることなく，自ら描くビジョンに基づき，企業の「個性」を追求していくことが必要である。すなわち，企業が明日の活路を見出すためには，「独自性の発揮」という新しい挑戦課題に対する経営者の心構えが不可欠なのである。

　内容をまとめると，経済同友会加盟企業は，横並びが顕著であるとし，経営革新の視点から以下のような問題点と解決策を述べています。

① 　横並び経営に甘んじる体質は問題で，企業の個性を発揮する独創的な経営システムを構築することが改善となること。

② 　先行し成功する企業の行動をまねることに慣れてしまい既成の解決策を採用し続けることは問題で，自社の身の丈にあった自前の解決策をとることが改善となること。

③ 　加盟企業の経営改革が一過性の改革熱に冒された横並びの改革であることは企業個々が直面する問題の本質を究明する機会を奪うところに問題があり，経営者自らが描くビジョンに基づいて企業の個性を追求する必要がある。

　提言をまとめると，以下のような禁止事項と奨励事項になるでしょう。

1. 禁止事項

 1）他社の行為を不必要にまねしない。

 2）不必要なムードに流されない。

2. 奨励事項

 1）自社のポジションを把握し，個性を基礎に戦略を立てる。

 2）経営者が自分のビジョンに従い行動する。

　以上から，わが国企業の従来からとられていた横並びの意思決定の形態がみえてきます。一つは，多くの企業が特定の価値を参照すればするほど横並びは広がる，ということです。これは，業界の決定の結果，チャンピオンの決定の結果，最優秀企業の決定の結果，等々であり，権威づけられた参照しやすい価値や基準です。横並びは企業の行動の結果ですが，横並び企業は同質に特定の価値を参照し，それを判断基準として行動するので，横並びが発現してくる，と理解することができるでしょう。こうした状況が，「他人のまねをした」と認識されるのでしょう。実態は，前述してきたようにまねることではなく，状況に合わせた参照を行うことなのです。

　もう一つは，個性を発揮したり，独自戦略を策定したり，ビジョンを描いたりはしていない，という状況です。一つ目の形態とどちらが先かは別にして，少なくとも判断基準である権威づけられた参照しやすい価値や基準を借用している場合，独自に策定する能力は減退すると考えることはできるでしょう。新製品開発に関しても，開発し続ける中で，その開発する能力が築かれ維持されていくのです。したがって，長らく横並びが続いた場合，そうした状況にある企業はいくら奨励されようとも，自社のポジションを把握し個性を基礎に戦略を立てることは非常に困難でしょう。同様に経営者はそれに従って行動すべき自分のビジョンを見出すことも，非常に困難となることが予測されるでしょう。

　横並びの事例に共通することには，集団内での問題決定には，自己主張が抑制され，または先回りして控えていること，そして代わりに指標が求められ，それに従った決定と行動がなされていることでしょう。すなわち行動を決める価値の参照行動が，横並びの場合は外部への参照行動として発現しているので

す。この場合の参照は次の集団のメカニズムに従って生じると思われます。これに従って生じた特定の基準，すなわち参照すべき対象を参照することで横並びが生じるのです。

　先の事例は，長期間パターンとして生じているとみることのできるものもあれば，単発的なものもあるでしょう。春闘は横並び横並びといわれ続け長い年月がたっています。中小企業の政策決定にかかわる問題でも，内容そのものはその時だけの，するかしないかの問題ではありますが，業界の影響ということで考えると非常に長い間同じような構図ができてきているのではないでしょうか（**表4-9**）。企業の作業レベルでは，管理者は従業員に例えば報告・連絡・相談（ホウ レン・ソウ）を求め，従業員は，察しながら行動をします。業界団体レベルでは，業界団体は事例で取り上げたように企業に協調を求め，企業も協調に応えます。行政レベルになっても変わることはありません。行政はこれまで強力に指導を行ってきました。業界団体はこれに協調します。わが国では**表4-9**のように入れ子の関係が生じています。したがって，どのレベルでも関係は同じ事になります。企業活動と同時に生じているこうした関係を"同時的な相互作用"と呼んでおきましょう。このように，横並びする意思決定のパターンを形成するメカニズムはどこにあるのでしょうか。

表4-9　同時的な相互作用

国家，行政・行政指導（行政→業界）		
・政策協調（業界→行政）		護送船団方式
業界，団体・業界指導（業界→企業）		
・業界協調（企業→業界）		横並び
企業・ホウレンソウ（企業→従業員）		
・察し（従業員→企業）		状況優先，気働き

出所）大平義隆編著（2006）『変革期の組織マネジメント―理論と実践―』文眞堂。

2．いじめ

　いじめはわが国特有のものではなく，世界中にあり，比較研究もなされています。また，国内的には，行政的に認められた件数が増加しているため，社会

的現象と呼ぶことにします。いじめは前年に続き，認知された件数が過去最高
でした。文部科学省が，令和5年10月4日に公表した，「令和4年度児童生徒
の問題行動・不登校等生徒指導上の諸課題に関する調査結果の概要」によると，
全国の小中高校と特別支援学校で2022年度に認知されたいじめの件数が前年
度から1割増の68万1,948件に上り，過去最多となったことがわかりました。

　ここでは，横並びや過労死同様，いじめそのものを取り扱うのではありませ
ん。世界的に共通し，国内的にも一般化している人間の相互作用を通し，わが
国の特徴を説明しようとするものです。

　結論的には，いじめも単なる相互作用に過ぎないこと，相互作用には緊張が
生じその結果，緩和の力が生じること，相互作用による緊張の中に，集団にお
いて全体として異なる行動への緊張（他には個別欲求の解決がありましょう）があ
ります。この異なりへの緩和の力が生じ，相互作用を行う集団などでは同質化
が生じること，といった視点が，これまでのいじめ研究には欠落していると筆
者は主張しています。したがって，何をどうすべきか，科学的な答えを引き出
すことは現状では困難だと考えています。

(1) いじめの定義

　改めて「定義」とは何かを述べておきます。定義とは，意味がたくさんあり，
何かを説明する際に，わかりにくくなるのを避けるため，その何かをどのよう
に扱うか，はっきりと決めておくことです。説明を一つに限定しておくこと，

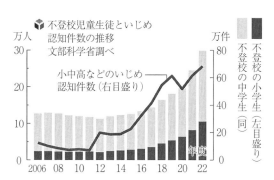

図4-1　不登校児童生徒数といじめ認知件数の推移
出所）読売オンライン，（2023.10.03）。

という意味です。「今回，これを，このように取り扱う」といった意味です。したがって，そう思いがちですが，唯一完全な意味，ではありません。

　いじめに関して，多く取り上げられるのが，小学校，中学校，高等学校の子供と教師のいる関係の中です。ここは文部科学省の管轄です。したがって，まず，文部科学省での定義をみることにしましょう。2013年にいじめ防止対策推進法が施行され，その第2条で，次のような定義が示されています。

・児童等に対して，当該児童等が在籍する学校に在籍している等当該児童等
　と一定の人的関係にある他の児童等が行う心理的又は物理的な影響を与え
　る行為（インターネットを通じて行われるものを含む。）であって，当該行為
　の対象となった児童等が心身の苦痛を感じているものをいう。

　ところが，これは行政が，施策を行うに際して必要となることを理由に決めた定義に過ぎません。この後取り上げる職場でのいじめの場合，文部科学省の定義は使えません。でも，2023年11月11日に，Yahooを使い，「職場のいじめ」を検索すると，974万件ヒットしました。行政的にはどうでしょう。職場のいじめになると，監督官庁が厚生労働省にかわります。厚生労働省[32]は，現在いじめではなく「職場のハラスメント」という表現をしています。ここでの定義は，以下の範囲の迷惑行為，です。すなわち，パワハラ，顧客等からの著しい迷惑行為，妊娠・出産・育児休業等ハラスメント，介護休業等ハラスメント，就活等セクハラ，でした。

(2) いじめの国際比較

　残念ながら，いじめの国際比較は，いじめの方法，その件数，が比較されているだけでした。そこで比較の限界を述べておきたいと思います。比較は同じものでないとできないため，すでにあるものに合わせることになりやすいのです。したがって，必然的に，異なるものを見出すことはできないことになりますし，異なるかもしれないという視点を放棄することになります。同じ土俵に上がることで，既存のルールを守ることが必要になります。

　次の比較をみる限り，主要先進国では，いじめがあり，日本は極端に多いようには見えない，ということが，統計上，わかります。ただし，個人が個人に

表4-10　15歳のいじめの主要先進国比較

(%)

	英国	日本	米国	仏国	ドイツ	韓国
仲間外れ	11.4	4.7	10	6.7	5.4	1.4
からかい	15.1	17	11.4	11.7	9.2	10.2
脅かし	6.5	2.5	4.9	3	1.7	0.9
物隠し等	4.7	2.8	3.5	3	3.8	1.6
こづき	5.4	8.9	3.8	3.1	2.3	0.9
うわさ	11.1	6.1	7.9	7.1	7.3	2.8

出所）OECD, PISA2015から作成。

対していじめをしていることがいじめ，と考えています。人の行動としては，個人が行っているのですが，もう少し考える余地がありそうです。

　そこで，わが国のことわざや価値観から，違いを見出し，仮説を立ててみましょう。価値観とは，すでに述べていることですが，民主的で個人的な先進国の中にあって，わが国はほかの先進諸国と真逆の価値観を持ち，社会的に真逆の行動を誘導しています。わが国では，経済活動そのものである人の合理的行動，すなわち利己的行動，機会主義的行動を否定しています。政府が進める新自由主義の経済政策と全く逆の価値観を持ち真逆の行動をとるように誘導が行われています。わがままをいうな，身勝手な行動をとるな，みんなに迷惑だ，利己的な奴だ，とこれらは自律的な行動をとること自体を悪いことと考えさせようと社会がしていることになります。同様のことはことわざにもあります。能ある鷹は爪隠す，出る杭は打たれる，正直者は馬鹿を見る，などです。ことわざが意味するのは，「集団の中で，何かを良くしようと思ったら，抵抗や攻撃が多いので，考えて行動をしなさい」という戒めに思えます。

　すると，いじめは，こうした社会的誘導を反映しているのではないか，という仮説が成り立ちます。他と違うこと，すなわち，みなと同じではないこと，をすることに皆が緊張を感じ，反応してしまう，ということがいえませんか。この仮説は，皆がそのように行動しているかを確認すればよいことになります。そこで，学生にアンケート調査を行いました。その結果，多くが，他と違っていること，によっていじめの対象になると考えていることがわかりました（**表**

表4-11　アンケート調査「20201019　いじめのポイント」

N=302	① あっている	② 違っている
いじめポイント同意	287 （95％）	15 （5％）

質問：横行するいじめのポイントは，「他と違っていること」，と
　　　言われます。
　　　このいじめのポイントは，あっていると思いますか？
調査：2020年10月19日実施。
対象：北海学園大学経営学部講義経営学概論受講者。
　　　1年295，2年2，3年15，4年13，計325。無効23。

4-11）。

　米国のように，民主化して個人主義社会ができ，それを維持するために自律化した国民がいる場合，日本の場合とは違ってくる，と仮定できるでしょう。同じ行動をとっていないと，そこに緊張を感じ，緩和，たとえば攻撃が加えられることは同じです。同じ行動とは何か，それは，個々が自己主張し，個別の価値をもっている，すなわちバラバラであることが「同じ」ことになるはずです。

　わが国の場合は，長い物には巻かれろ方式で，これを破る人は馬鹿者といわれます。破ってしまうのは，正直者は馬鹿を見る，といわれています。また，利己的，身勝手，わがままは避けるべきものという価値観を日本人はもっているのです。また，状況に即応できるような柔軟性が求められ，特定科目に絞るのではなくさまざまな科目を学ぶことになり，米国のように，支配的状況の批判機会や自分の意見を言わせる機会が最重要とは思われていないようです。

　米国内の事例として，米国留学中の日本人教員が日本語学校で，質問をしなかったり，自分の意見をはっきりいえなかったりすると「バカ」扱いをされたという話をよく聞きます。また，国内の事例として，私の友人のネイティブ（カナダ）の英語の教員は，「間違っていてもいい。意見を言うことが大事だ」「自分一人で答えなさい」といって学生を逃がしませんでした。彼らから聞いた30年前の，北米教育では，自己主張できる自立した人間が大人と思われ，教育とは自分の考えを育て，こうした大人にすることだ，とはっきりした考えがありました。そこで彼は，厳しい態度で，確信をもって学生に向かっていました。そのためか，よく英語の先生にいじめられた，などと学生が泣いていたの

を思い出します。教育者が何もしないと，意見をいえず質問もできないで，考えがない人，「未成熟者」ができてしまうのかもしれません。

（3）教育といじめの関係

いじめは，個人的な欲求不満のはけ口に弱い同級生を利用する場合があるでしょう。しかし他にもあります。すでにみたように，同じではない行動をとる者が集団内にいると緊張し，緩和しようとする力が生じると思います。いじめの一つの本質は，後者の，相互作用による社会的な緊張緩和です。

さて，学校に代表される教育とは，行政による国家の人づくりで，国家が求める人間を形成し，国家としての効率を上げることが目的になるでしょう。教育にも，いじめ同様に，2つの側面があると思われます。一つは教育する内容で，情報技術や管理の経験など具体的な知識の中身です。もう一つは，決定の方式でしょう。全体都合の意思決定をするように誘導する場合と，個人都合の意思決定をするように誘導する場合とに分けられます。

すると，いじめと教育は，同じ機能を部分的にもっていることになります。一定の価値を参照するように，人を誘導する機能です。このことは，教育問題を厄介なものにしているようです。また，学校における教育問題は，職場におけるリーダーの部下への関わり合いと一致しているようです。

（4）日本的な特徴

日本人のものの決め方に「察し」があります。いじめの加害者は，教師の気持ちを勝手に察して，異なる行為の修正行為として，対象への攻撃を，正当化する可能性があります。そうすると加害者の行為は正当性を得てしまう可能性があります。この察しによる修正行為は，加害者以外にも共有されており，場合によっては，被害者にも理解されているので，加害者の行為は恐ろしいことに正当性をもっているように周囲に受けとめられてしまいます。

かつては，「やり過ぎ」を修正する力を皆がもっていたように思います。それがいまではなく，加害者の行為が止めにくくなっているのだと考えられます。

民主国家といいながら，人権を主張する教育，法的処罰があるという教育，懲戒処分にする制度，そういった制度があるという学習，さまざまな装置が存

94

在していないようです。どうしてでしょう。

宿　題

次の課題にこたえてください。1A，2A，3A のように書いてください。

1. 事例で学んだように，横行するいじめのポイントは，「他と違っていること」，と言われます。

　そこで，このいじめのポイントは，あっていると思いますか？

　　A．あっている。　　B．違っている。

2. いじめのポイントから，「いじめを受けないように，他と違わないように気を配った」，といわれます。

　そこで，確認させてください。このような行動をとったことがありますか？

　　A．ある。　　B．ない。

3. 文中にある日本社会の価値観に対して同意するかどうか答えてください。

　　A．同意する。　　B．同意しない。

第5節　過労死

　ここでは，過労死そのものではなく，なぜ過労死が生じるのか，に注目します。それは，日本人が会社都合で行動することを確かめるためです。

1．厚生労働省の過労死等の定義

　令和3年版過労死等防止対策白書では，過労死等防止対策推進法第2条に以下のように定義されています。

ア．業務における過重な負荷による脳血管疾患，心臓疾患を原因とする死亡

イ．業務における強い心理的負荷による精神障害を原因とする自殺による死亡

ウ．死亡には至らないが，これらの脳血管疾患・心臓疾患，精神障害

2．労災保険と，過労死の認定＝労災の認定

　事業者は雇用を行うと労災保険に入る義務が生じます。過労死などに該当す

る事件が生じると，労働基準監督署が保険金の支払いの決定をします。労災・公務災害と認定されると，被災労働者や遺族の保護に支払われます。ただ，過労死等は，会社側の管理責任が問われるため，会社の名前に傷が付きます。また，循環器系の疾患や精神障害と過重労働を結びつけることは難しかったため，認定の基準が現実に合わせて改定されてきています（**図 4-2** 参照）。

3．社会現象としての過労死

　過重に働くと死亡することはどこの国にでもありそうです。ここまで日本的特徴として，個人都合ではなく全体都合であることを主張してきました。過労死も全体都合の行動の結果であると主張したいのです。説明としては，第 1 に，人は合理的に死を選ぶことは少ないということ，そして日本では，周囲に合わせて過重労働が起きていること，を示すことです。さらに，日本的であるためには多数存在していることを示すことです。**図 4-2** をみると，少なくとも，認定件数は増加しています。もう一つ，**図 4-3** をみてください。これは，日本経済新聞社発刊の新聞で，過労死の「記事」を検索したものです。ここでわかるのは，40 年間過労死は記事になり続けてきた，ということです。

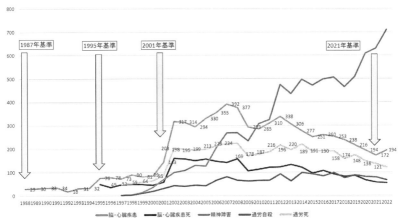

図4-2　過労死認定の傾向

出所）佐藤敬二（2019）「労働法：日本の長時間労働と『働き方改革』」2019年度
　　　日本法センター　夏季セミナー，報告資料。

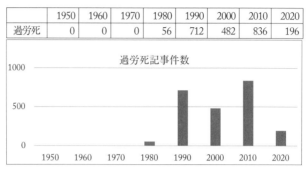

	1950	1960	1970	1980	1990	2000	2010	2020
過労死	0	0	0	56	712	482	836	196

図4-3　新聞記事掲載の傾向

4. 社会現象としての過労死の説明

　過労死は，働く現場で，働きすぎによる主に循環器系の疾患による突然の死や，職場での圧力による心疾患による過労自殺があげられています。

　現在，厚生労働省が定義していますが，1980年代にはありませんでした。たくさん働いて，悲惨なことになる，そんな意味合いで使っていました。この過労死を，筆者は，会社のために働き死亡したにもかかわらず裏切られた場合の死の名称，と受け取っています。理由は，過労死を出した多くの会社が会社の責任を認めず，従業員が勝手に働いて死んだ，といっていたからです。そのころ，過労死弁護団ができ，会社側の責任を法的に追及する形になっていきました。会社が強気なのは，認めると，違法行為の強要を認めることになり，株価を下げるなど，大きな損失をだすことになるからでしょう。

　高度経済成長下では，猛烈に働くことを美徳としていたようでした。どれだけたくさん仕事をしたか，徹夜をしたかを自慢しあっていました。当時の従業員にとっての会社の地位は高く，病気で休んでも，今よりも強く，「皆に迷惑をかけた」と感じていたため，当初，過労死した夫の妻が職場に迷惑をかけたと謝っている，という記事を見たことがあります。会社が渡すわずかな見舞金をありがたく受け取っていたようです。国民は皆，仕方のないことと思っていたのです。

　ところが，海外から注目され始め，おかしいことに気付き始め，過労死をめ

ぐる戦いが始まり，社会問題となっていきました。従業員が会社のために働き，倒れて死亡しても，労災申請をしないため保険金が下りないことがわかってきました。この保険は会社が加入するもののため，当初はその存在すら知る者は少なかったと思われます。このことがわかると，「会社に裏切られた」という認識が一気に広がっていきました。これが過労死です。

　保険のセールスウーマン，高校の先生，金融マン，コンピューター技師，さまざまな職種で起きていました。コンピューター技師の友人も，「ああ，よく死ぬよ」と答えていました。

　この傾向は，バブルが崩壊し，仕事が消滅した1990年代初頭まで続きました。

5．アメリカにもあるよ，過労死

　米国でも過重に働き，それが原因で死亡する例が報告されていました。そこでは，バーンアウトと表現されていました。この言葉はさまざま使われますが，過労死と違うのは，おおむね，個人的な目的，個人的な努力，の結果であったことです。80年代，米国はカード社会でした。たくさんのカードをもち，たくさんの買い物をし，豊かに生活をしていました。支払いも大変です。これが原因で，たくさんの副業を掛け持ちし，その結果なくなる方が増えていたようです（ジュリエット・ショア（1993）『働きすぎのアメリカ人』窓社）。

　見た目は同じ，たくさん仕事をして亡くなられたのです。でも，実態は，同じではありません。（課題B）

6．過労死の調査からわかったこと

　かつて，過労死に関して，調査したことがあります[33]。「過労死するかもしれないのに，なぜ仕事を続けるのですか？」というものです。これに対し，8割の人が，仕事に責任があるからだ，と答えました。会社の生き残りと，自分の生き残りを一緒にしてしまっている「自他不可分」と筆者は判断しています。これはまったくの「会社都合」です。今思えば，この当時のサラリーマンは，大人として，きわめて無責任だったと思います。なぜ自他不可分が生じたので

しょう。

7. メカニズム

　過労死のメカニズムは，大きく2つに分けられます。一つは，職務の無限定性です。職務の無限定性は，仕事の限度がありません。また，皆ですることになり，さまざまな配慮が必要になります。仕事の決定もできません。自分で終わることも始めることも決められません。この点に関して，働き方改革では，職務限定型に変更しようとしています。手っ取り早い方法ですが，なかなか浸透していきません。2つ目は，5章以下で取り上げます。

第6節　無質問行動

1. 個人合理的な解釈，ですか

(1) 無質問行動の存在

　無質問行動とは，講義中，または講義後に，講師が学生に，話した内容が伝わっているのかどうか，また関連した疑問が生じたかどうかを確認し，つど，問題を解決するものと簡単に述べておきましょう。私の1990年ごろからの経験からすると，100人を超える講義中に「私語」はあるものの，「質問」は少ないのです。大学の講義ばかりか，日本の企業の会議でも，質問は出てきにくいのです。ですから，質問が出やすい環境が整備され，工夫が多数取られてきています。

　大学の教授会や，会社の会議の場合，質問がないというのは，賛成という意味にとられ，意志を示すのに拍手を求められます。「シャンシャン会議」といいます。行政関係の会議では，質問がないのが不自然として，あらかじめ質問者として指名されたことがあります。

　しかし講演者の場合，本当にわかってもらえたのだろうか，理解してもらったのだろうかと不安になるものです。もちろん，問題がなくよかったのかもしれない，と考えることもありますが，大学での講義は，何かを話すという行為と，それを聞くという行為からなる相互作用ですから，反応がないと，やはり

不安になります。

(2) 無質問行動の継続

専門の講義以外に，私は，経営者を招き経営者の問題や決断を聞く講義を担当していますが，講義をお願いした講師は皆，学生にどのくらい評価されたのか，気になっているのです。しかし質問は出てこない。学生からすると，質問はしにくいものなのでしょう。なぜしにくいのでしょう，残念ながら，私には，十分な研究はされていないように思われます。外部講師を招いた講義（2023年9月から開講）では，4回で出席者約540人，質問者は21人で，約4％だったのです。平均すると5人になりますが，最初は多く，徐々に減っていっているのです。なぜ徐々に減っていくのだと思いますか。

（課題1）残念ながら，これも十分な研究はされていないのです。

次に，下記の「研究課題」のアンケートを行い，328名から回答を得ました。このうち有効なものは，91％でした。質問内容は，「次の問いに番号で答えてください。この講義では，学生は講義中，質問することはなく，場合によっては，少人数クラスや語学，会計，情報などのクラスでも質問は避ける傾向にあると考えています。このことに，あなたは同意しますか。番号で答えてください。① 同意する，② 同意しない」，です。この結果，有効回答のうち，同意するは83％，同意しないは17％でした。これらのことから，無質問行動は長く継続して存在している，ということがわかりました。

研究課題

1. 次の問いに番号で答えてください。

この講義では，学生は講義中，質問することはなく，場合によっては，少人数クラスや語学，会計，情報などのクラスでも質問は避ける傾向にあると考えています。このことに，あなたは同意しますか。番号で答えてください。

　① 同意する

　② 同意しない

2. 無質問行動で，設問を二度読んで，該当する番号を，いくつでも，番号だけ選んで，回答してください。

① 教室では質問しにくいため

② 特に質問するほどのことはないと思うため

③ 授業が興味のない分野のため

④ 他人の目線が気になるため

⑤ つい周囲に合わせてしまうため

⑥ 周囲の調和を乱したくないため

⑦ 講義は，それなりに，理解できる範囲だから

⑧ 目立ちたくないから，他と違うことをしたくないから

⑨ 友人に聞けばよいから

⑩ 恥ずかしいから

⑪ そのほか（　　　　　　　　　　　　　　　　　）明記してください。

3. 無質問行動に関して，もう一つ。設問を二度読んで，該当する番号を，いくつでも，番号だけ選んで，回答してください。

① 自分は，比較的，個性的，だと思う。

② 自分は，自律的（自分独自の価値に従う）な方，だと思う。

③ 自分は，ごく普通の性格，だと思う。

④ 自分は，周囲に合わせる性格または考え方，だと思う。

(3) 帰国子女の変わった行動と順応

　相互作用というのは，そもそも相互作用で生じる緊張を緩和する同質化行動を伴います。無質問行動も，そうした相互作用の結果でしょう。私は，大学院生のころまで塾のアルバイトをしていました。私が講師をしていた横浜の塾は，海外の帰国子女を多く受け入れていました。日本人なら「あの先生，発音が違ってないか？」とこそこそ話したりするものですが，そこで出会った帰国子女たちは，しっかり前を向いて椅子に座り，積極的に授業に参加し，「先生の発音は間違っています」と講義中に堂々と主張しました。だが，しばらくたつと，

彼らは目線が下がり，授業に積極的に参加しているような気迫を感じることができなくなってしまいました。なぜだと思いますか。

（課題2）残念ながら，これも十分に研究はされていません。

（4）経験としての民主教育（北米系の教師による）

私が最初に赴任した信州の短期大学で出会った3人のカナダの語学教員は，「北米の教育者は子供を大人にするために教育をしていること，大人になるということは自分の考えをもつことと自分の考えをはっきりいえるようになること，そして，間違ってもいいので自分で考えて自分で話すことができること，これらが重要だと考える」，と話していました。そのために，学生たちは自分の意見がいえるまで厳しく指導され，泣き出すものが多かったようです。こうした信念のある民主教育者は，学生をいじめる先生といわれ，いつの間にかなくなってしまいました。

（5）無質問行動の先行研究

さて無質問行動に関して先行研究をみると，授業中に質問しないことはどこの講義にもあるということ，無質問は日本に多いこと，が共通に示されています（祐宗 1994，道田 2011）。また，日本では**周囲を気にする**ことが原因となり，米国では教室の関係への**判断が原因**となっていました（篠原 2021）。まとめると，無質問行動はわが国では長期間継続的に存在していること，日本人の決定が状況を参照し，状況合理的に行われ，個人合理的ではないこと，がわかりました。

ただ多くの先行研究では，研究者も，被験者も，単純に，個人合理的な判断主体となっており，ウェーバーの方法論的個人主義が貫かれていることもわかりました。

2．日本的な解釈の続き

では次に，無質問行動を相互作用の観点から掘り下げるために，1）教員の発言の受容と，対する2）学生の考えの発信，から考察します。

（1）教員の発言に関して

1）「周知徹底」の場

全体優先社会の特徴である縦社会は，上部に権限，権威，目的が集中する構

造になります。そのため，次のような用語が現在でもなお，存在しています。「上意下達」「伝達」「周知徹底」「慮る（おもんぱかる）」「忖度する」などです。だから，聞いていなくてはいけない，話し手に配慮がなくてはいけない，ことになります。また質問することは，権威に刃向かうことになるかもしれない。質問する，というのは，戦後初めて導入された，民主的な新規参入者といえそうです。しかし，無質問行動が継続していることをみると，考えられるのは，① 新規参入者は日本の文化になじまなかった，② 新規参入者を導入した人の，取り入れるための段取りが悪かった，取り入れ方にミスがあった，③ その両方，であるのかもしれません。わが国は 1945 年以降，縦社会ではなくなり，「民主的憲法」と「民主的政治，行政，教育等の制度」などのおかげで，フラットな個人主義社会になっているはずだったのです。ところが，そうはなっていないことを，無質問行動は示しているのかもしれません。

　2）「状況」の伝達の場としての会議，それに命令

　縦社会が成熟 34) すると，理念（何を何のためにどのようにしたい）が共有されるので，「状況（変化）」だけを伝達し，説明し，自分が今何をしなくてはいけないかは「察し」なさい，ということになります。（主体的にやりなさい，と部活でいわれたことはありませんか。課題3) そこで，「状況」の説明に関し，「確認」はあるものの，「質問」は反対の表明になり，質問があるか聞かれたら，一番簡単な対応は，「わかりました」になるのです。上記した周知徹底と同じく，質問という方法が間違っている，ということかもしれません。

　（課題4）この問いは，民主社会のもので，日本はそうではない，ということかもしれません。

　(2) 学生や部下の質問に関して

　1）「状況」の確認の場

　すでに書きましたが，状況が語られる場合，質問ではなく，示された「状況」の確認は行われるでしょう。この確認をするために，質問はありますか，と聞く場合があると思います。伝えた方は，「本当にわかっているのだろうか」と不安になる場合があるでしょうが，それは，伝えた内容をちゃんと理解してい

るだろうか，ということです。学生からすると，示された「状況」は受け入れるべきもので，質問することは，学生としては目立つことだし，部下だと異を唱えることと思われるかもしれないので，確実に質問を避けるのでしょう。すると，わかったかどうかわからず，あいまいなままになってしまうことになりそうです。「それなら適当でいいや」，とさらに無責任な状態になるかもしれません。

2）同　　化

教員と生徒や学生のやり取りは相互作用です。そもそも，相互作用は同化作用です。すなわち，相互抑制，抑制の内部化が行われています。「いじめ」のところでみたように，相互作用は，「異なり」という「緊張」を緩和する相互の行為です。行為としては，程度や状況により，微笑み，沈黙，失笑，注意，怒り，攻撃，などとなるでしょう。質問という行為は，相互抑制の点からみると，質問がしにくい場や状況であった場合，周囲から質問者は攻撃されることにもなるかもしれません。同質化はどこの国でも同じであると思われます。問題は，「異なり」の内容です。このことは「いじめ」の場合と同じです。全体優先社会の場合，質問は異なりとなるため，教員と学生の相互信頼などで，安全が保障されていない限り，質問など，もってのほかだということです。

（課題5）質問をしやすくするには，そうした環境を管理者や教員が行う必要があるのでしょう。どう思いますか。

3）重大問題がある場合

自己主張を抑制されている中でも，重大な問題があると，質問がなされることがあります。この場合でも，よく気を配り，注意をしながら質問することが多くみられます。つまり，よほどのことではない限り質問はしない，となります。

4）得にならない

質問することが成績に反映される場合，学生は質問をするかもしれません。私も講義中に試したことがありますが，プラス評価になるとしても，周囲の目に負けてしまい，3度以上続かないことが多かったのです。事前にはっきりとした条件が示されていないとできないでしょう。これを準備するのは大変です。

大人数講義では手間がかかり，実行は難しいでしょう。でも米国では学生が質問することを「中心的に評価」します。またそのことは当たり前のことになっています。質問の内容が高く評価される場合は，学生は準備し，評価されることになるのです。

（課題6）日本では学生の質問を「中心的に評価」することもなく，もちろん当たり前にも，戦後80年に近づいていますが，なっていません。どう思いますか。

📖 宿　　題

1. 文中の課題1に答えてください。
2. 文中の課題2に答えてください。
3. 文中の課題3に答えてください。あなたは，こうした経験はありますか？あるならA，ないならBで答えてください。
4. 文中の課題4に答えてください。同意する場合はA，同意しない場合Bと答えてください。
5. 文中の課題5に答えてください。文中で，前文をどう思いますか。
6. 文中の課題6に答えてください。
7. 北米系の教育者の例をあげました。あなたは，こうした経験はありますか？あるならA，ないならBで答えてください。

第7節　察　　し

1. 社会的に条件づけられた人間行動（察し）

外部から推測する以前に，本書の85ページの**表4-7，4-8**をみると，企業は自らの行動を，他者追随的と認識し，依存的な行動をとっており，その結果横並びしていることを認めてもいました。変更の必要性のあることと認識しつつも，それが困難であることをも認めていることになります。ではいかなる作用因が企業の意思決定を結果的に同質化へと導くのでしょうか。一つの考え方は，既に社会的に条件づけられている，ということです。

　以下に企業に直接影響を受ける以前の個人が，外部参照的な，依存的な質をすでに意思決定の質としてもっているかを検討しましょう。

(1) 学生の「外部参照行動」の調査

　さまざまな質問に対する答え方として，最もよく用いる方法と次に用いる方法の 2 つを短期大学生 (2 短大 592 名)，大学生 (1 大学 62 名) に聞きました (1993年実施)。

表4-12　最も用いる方法 (%)	
①	6.1
②	58.9
③	5.4
④	26.9
⑤	2.7

出所）大平義隆編著（2006）『変革期の組織マネジメント―理論と実践―』文眞堂。

表4-13　次に用いる方法：①選択者で (%)	
①	45.4
②	26.0
③	4.3
④	22.3
⑤	2.0

出所）大平義隆編著（2006）『変革期の組織マネジメント―理論と実践―』文眞堂。

　選択肢は，①「自分 1 人で考える」ことが重要と考え，意識的に 1 人で決める，② つい不安となり，隣を向いてしまうが，最後は 1 人で決める，③ 小声で相談してしまうが，最後は自分の場合に合わせて決める，④ すぐ小声で相談してしまい，みんなで決める，⑤ どれでもない，でした。最もよく用いる方法で ① と回答したものは 6.1 ％で，次に用いる方法でさらに ① を選択したものは 45.4 ％でした (表 4-12，4-13)。

　これらから，「1 人で決定すること」の重要性を十分理解しながらも，決定に際してほとんどの学生が何らかの外部への参照行動をとっていると理解することができるでしょう。

(2) 学生の「帰れないわけ」への回答

　「終業時間になり自分の仕事が終わっていても帰りたくても帰れない状況がわが国には存在すると思われる」ことについて，自分の経験を含めてその理由を授業中にアンケートしました。対象者 151 名中，回答者は 113 名 (実施は 1997 年 7 月) でした。回答は，自己の経験からの類推が 96 名，84.9 ％であり，そのほとんどが自己の決定に際して状況を参照する内容の回答をしていました

(表4-14)。企業に参加する以前から，わが国では，個々人が自らの行動を決定する際の主たる基準に，状況という外部基準を参照するという意思決定のパターンを内在させていると考えることができるでしょう[35]。回答内容は概ね，①直接行動を規定する要因，②①を規定する要因からなっています。①は「付き合い」「人間関係」「和の維持」などの気働きに関わる要因 (1-1) と，「意思が弱い」「はっきり言えない」などの自己主張（自己主張抑制）に関わる要因 (1-2) からなっていました。②は「悪く思われる」「信頼を失う」などの評価（他者評価依存）に関わる要因 (2-1) と，「誘われなくなる」「はずれたくない」などの関係性（はずし）に関わる要因 (2-2) からなっています。このような結果から，彼らの行動は，主に気働きによってなされ，気働きは相手評価に依存し，はずしの予測で規定されやすいことが考えられます。またアンケートで求めているのが彼らの経験からの類推であることから，こうした意思決定の性質が，就職以前に既に形成されている，ということができるでしょう。

　以上２つの調査から，企業の意思決定の主体たる個人の意思決定の性質として外部参照的，状況依存的性質があることがわかりました。わが国私企業の意思決定に横並びの質が混入する可能性の一つとしての個人の性質を確認することができました。きわめてわずかな調査ですが，我々は経験的にこれらの結果を支持し得るのではないでしょうか。

（3）自主的な察し

　ここで，河合隼雄による学校における学生と先生の関係描写をみておきましょう。「我国の教育においては，個性の伸張とか創造性を身につけることなどが大いに重視されている。…（だが）ホームルームには確かに先生が背後に退き，生徒が運営し，すべてが自主的になされているように見える。しかし，少し注

表4-14　帰りたいのに帰れないわけ：回答の因果性 （n=113）

回答	直接因	方法	直接大	間接1	方法	直接因	間接1	間接2
経験	1-1	経験	1-1	2-1	経験	1-1	2-1	2-2
類推	1-2	類推	1-2		類推	1-2		
	91 （80％）		48 （42％）			30 （26％）		

出所）大平義隆編著 （2006）『変革期の組織マネジメント―理論と実践―』文眞堂。

意深くみると，すべては先生の意のままに動いていると言っていいほどである。自主的に動いているはずの子どもたちは，先生の気持ちを『察して』，先生の好む方向に動いているのである。日本人は子どもの頃から，人の気持ちを察して，それに従って行動することを身につけているのである。しかも，この時に生徒はもとより，先生にもこの様なことが行われていることに自覚がなく，すべて『自主的』に運営されていると信じ込んでいるならば，それは大きい問題と言わねばならない[36)]」，のです。

　もちろんこれだけでは十分に社会的条件づけを説明したことにはなりませんが，企業行動の特殊性である横並びの行動は個々の企業の合理的判断というよりも，社会的条件づけの結果である，ということはできるでしょう。この社会的条件づけの主体は親であり教員であるとすれば，こうした相互作用は世代間の行動の継続を意味してきます（**表4-15**）。

表4-15　同時代的相互作用と世代間相互作用

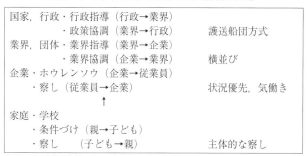

出所）大平義隆編著（2006）『変革期の組織マネジメント—理論と実践—』
　　　文眞堂。

　最後に，組織における意思決定と個人の意思決定の一致の問題を整理しておきましょう。本章では，空間的に時間的に連続する横並び現象の存在は，上述の社会的な条件づけがあることを意味すると考えます。したがって，組織的な意思決定も，ひとりの人間の意思決定も，同様に社会的な条件づけの影響を受ける，という考えです。

2. 価値参照行動の存在

　特定の状況におけるいくつかの企業の横並びの事例から，企業が自らの行動の価値基準を，置かれた状況の中に求めている（外部参照）ことがわかりました。そこで，判断や決定の主体は，何らかの決定を行う場合には，何らかの価値基準を必要とすることになる，と考えましょう。そのように考えると，価値基準を参照すること（価値参照）に注目することができます。

　組織理論における人間の定義をみると，そこでは本人の目的や判断能力という表現はありますが，価値基準という表現を見出せません。そこで，本人の目的や判断能力という表現がされていない場合，この判断基準は，所与となっている，と理解しておきましょう。

　次に，横並びにおける参照を外部参照としたので，参照が所与となった場合には，対照的に個人的に形成された，その意味で内部にある価値（自律的に形成された価値）を参照している，と理解すべきでしょう。いずれにせよ，意思決定や判断に際して，何らかの価値の参照を人間は求めている，ということを前提としています。

▌第8節　挨　　拶

1. 人間共通の相互作用である挨拶の研究

　わが国における挨拶研究をいくつか（肖 2019，安倍 2021，中村 2016，小林 1981，倉持 2013）調べるとわかることがあります。一つは，集団社会を生きていくのに必要な機能であることを前提にしているように思われます。次に，比較研究では，挨拶の形態を比較し，出現頻度を比較し，妥当な説明を後付けしており，単なる状況説明に終わるように思われます。

　本書では，挨拶を，人間に必然的に生じる相互作用であり，相互作用から必然的に生じる緊張緩和行動の一つと考える視点から，必然性をもって，理論を組み立てています。

2.　緊張緩和行動と社会科学

　緊張緩和行動とは，緊張源をなくす（元をなくす，元を無視する），緊張源との関係を安定させる（従属，服従，対等），安定関係で生じるあらたな緊張を修正する，と考えることにします。例えば「元をなくす」とは，相手を消滅させてしまうことがあげられます。相手を支配したり，服従したり，友好関係を作ったりすることを考えると，人類の歴史は，緊張緩和の歴史ともいえそうです。社会科学を考えると，本書では，人と人の緊張緩和の，中でも生命維持にかかわる経済活動の緊張を緩和するため，経済と，経済活動の安定のための法律，政治，行政，教育，心理，倫理，経営などの研究が求められていった，と考えています。

3.　わが国の挨拶の研究

　挨拶の研究は，言語学や心理学，教育学で多くなされているようです。起因は，現実の違いが多いようです。留学生を受け入れたり，留学生になったりした経験があげられます。研究の違いは，そうした研究課題を解く際に，研究者が判断価値をどこに置いているか，によって変わります。問題は，方法はどうあれ，研究課題が解ければよいわけです。

　さて，挨拶の形式は，丁他（2016）と中村（2016）の比較研究をみると，ケースバイケースと思われます。これでは個優先と全体優先の違いの存在の説明にはならないため，緊張緩和の視点を導入し，挨拶を考えてみましょう。そもそも緊張は，相手の行動への警戒によって生じます。経営学では人の行動を，意思決定（Barnard 1956）に還元しています。さらに本書では，判断価値（自己価値，状況価値）に還元しています。

　そこで，挨拶とは，相手の行動を確認する手段，と考えましょう。判断価値を確認することです。わが国の場合，判断価値は状況価値で，個々の状況は属性と言い換えられるでしょう。他方，個優先国では，自律した考えをもとに行動すると仮定できるので，個々の考え方と言い換えられるでしょう。すると，わが国の挨拶は，その時の調子を見る「こんにちは」から，属性を確認する「今

どうしてる？大学は？どこの大学？」まで存在している，ということです。個優先型の国，たとえば米国では，「こんにちは」から「君はどう思う？」まで存在していることになります。少なくともわが国の場合は，経験的に確認ができる，すなわち予測することができるでしょう。

4. 挨拶における参照価値の形成と強化

　次に，判断価値を尋ねる挨拶行動の機能について考えてみましょう。確認した人の緊張は何らかの回答を得ることで緩和するかもしれません。しかし，確認された側が次に緊張します。確認された側が，確認されたもので納得しているものを保有している場合，納得しているものを保有していない場合，を考えてみましょう。納得できるものを保有している場合，その属性への誇りをもち一体感や忠誠心，自尊感情などを強化させるかもしれません。他方，保有していない場合，ないことへの不安が生じます。この不安は，属性を求める緊張となることが考えられます。すなわち属性獲得欲求を形成すると考えられます。この属性獲得欲求は，挨拶の違いがもたらしています。

表4-16

	挨拶時の質問内容	
全体優先国	・以下の属性などを尋ねる ・男性：小学校，中学，高校，大学，会社，役職 ・女性：小学校，中学，高校，大学，結婚，子供 ・母親：子供の，孫の，上記同様の属性	全体優先社会では，属性を確認 ➡属性獲得欲求 ➡属性の階層化から上方志向誕生の可能性
個優先国	・「君の考えを聞かせてよ？」「君ならどう考える？」と尋ねる	個優先社会では，個人の考えを確認 ➡自分の考えや目標を自力で決め達成したがる ➡正しい正当な考え形成欲求が生じ，人の考えに興味を持ち，自己を修正しようとする。

📖 宿　　題
1. わが国での挨拶に属性の確認があることを，あなたの経験から，あなたは
   同意しますか？ハイは Y，イイエは N と答えてください。
2. あなたは大学を決める時，「なるべく早く決定したい」，という思いをどれ
   くらい持っていましたか。高程度，中程度，低程度，で答えてください。
   高程度は H，中程度は M，低程度は L，で答えてください。

第9節　外部価値参照と意思決定の問題

1. 価値の参照と意思決定

　横並びの行動は具体的には，察しや気働きといった外部基準の参照でした。一般的な意思決定の概念には，これまで価値参照が議論されることはなかったように思われるので，本節において論じていくことにします。

　近代経営学の祖である Barnard, C. I. と March & Simon, H. A. の個人の定義の翻訳をみると，「個人」という言葉がそこにあります。原書では In dividual となっていますが，翻訳と原語の両者が比較検討されることは少なかったし，または気にされることなく用いられていますが，あえて「個人」と individual の同一視に疑義を唱えないわけにはいきません。わが国における個人は，組織の立場に立って，社会的な指標や，その場で求められている共通の価値といった外部価値の参照を行い，その結果，当然のこととして横並ぶのです。ここでの個人には In dividual を用いることに戸惑いを感じるからです。

　そこで，結論的には，近代理論において，またはこれまで我々が経営学において用いていた個人は，個別の内的な価値参照を所与のものとして表示しないまま，それを当然のこととして用いてきた，ということもできるでしょう。そこで，ここでは，横並びを日本的な特徴としてそれを際立たせるために，意思決定のプロセスを，参照・決定行動，という過程であると考えることにします。

　まず，以下の個人の定義に関して Barnard の定義を通してそれを際立たせるために，Individual という言葉を確認していきます。次に，こうした価値自

律的な個人が組織の立場に立つようにする仕組みを Simon の組織影響力をとりあげます。近代理論での個人への組織のかかわり方を通して，明確に Individual という言葉を理解することができるでしょう。

2. 意思決定を担う個人の定義

　Barnard が著書の基底に据えたものは個人の行動にかかわる以下のような定義でした[37]。「個人 (individual) は一定の特性をもつが，それらは「人間 (person)」という言葉に含意されています。通常は，「個人 (individua)」という名詞を「一人の人間 (one person)」の意味に用い，「人格的 (personal)」という形容詞でその特性を強調するものとすれば，非常に便利であろう。これらの特性とは，(a) 活動ないし行動，その背後にある (b) 心理的要因，加うるに (c) 一定の選択力，その結果としての (d) 目的，です」(括弧は著者注)。

　バーナードに従い，4つに分けられた特性をそれぞれどのようなものかを説明すると，次のようになります。

　(a) 協働において重要となる人間の側面は，ただただ意思決定の結果である「行動」「活動」なのです。(b) こうした人間の行動をコントロールする際に，行動がどのように生じるかを理解する必要があります。ここでは，何らかの不満や不足が感じられ，それを充足する方向に心理的な力が働く，という理解の下にある欲求理論が使用されています。(c) Barnard の生きた時代は，世界恐慌に対する秩序の復活，専制主義の台頭に対する民主主義の強調が必要な時期でした。したがって，個人が尊重され，社会が形成されなければなりませんでした。人間は束縛を受けない自由な意思や考えを認められ，自分自身の意思や考えに従い，選択力や決定力を行うのです。こうした自由の代償に，社会に対する義務をもち，責任を果たさなければならなくなります。しかし，人間の能力には限界があり，ここで重要視されている選択や決定の能力にも限界があります。人間は何をしたらいいかがわからなくなることがあり，逆に何をしてはいけないかもわからなくなるのです。そこで，人間の選択力や決定力を活かすためには，何らかの工夫が必要となりますが，それはすべき何かを限定するこ

とでした。(d) とは，(c) の工夫としての「目的を設定する」ということです。

このように，バーナードが基準とする個人の行動は，価値的に自律的であることが前提となっていることがわかるのです。

3. 組織の影響のメカニズム

個人の行動には，個人の目的に支配された行動と組織の目的に支配された行動があります。March & Simon は，前者である個人の立場に立って行動する時，これを個人人格に従っていると表現し，組織の立場に立って行動する時には，組織人格に従っていると表現しています。これらは協働に参加している個人には併行して存在しているものと理解されます。組織は組織の目的に従った個人の貢献によって生じてくるため，組織の立場に立った行動，すなわち組織人格となるように個人にさまざまな影響を及ぼすのであり，これを Simon は組織影響力と称しました[38]。組織がその個人であるメンバーの意思決定に影響を与えるために用いている方法は，以下のようなものです。

(1) 組織は，仕事をそのメンバーの間に分割する。

(2) 組織は，標準的な手続を確立する。

(3) 組織は，権威と影響の制度をつくり，意思決定を伝える。

(4) 組織は，すべての方向に向かうコミュニケーション経路の確立を目指す。

(5) 組織は，そのメンバーを訓練し教育する。

これは，March & Simon が影響の「内面化」と呼ぶものです。組織は個人に組織が期待するような意思決定ができるように，知識，技能を与え，成員の人的な相互作用を通して一体化や忠誠心を醸成しようとします。

このように，組織影響力には，① 責任の限定と専門化の期待，② 相互作用の仕組みを通した組織一体化への期待が，込められています。しかしこれらは，個人が組織の立場に立つことを選択しやすくすることを意味するにとどまり，自己の判断を他者の判断にゆだねることを意味していません。したがって，行動の基準となる価値の参照先は個人の内側にあります。

組織の意思決定は，協働に参加した構成員が，組織の立場に立って行う意思

決定のことでした。構成員によって既に選択された組織目的は，より大きな目的が分割され，分担された目的である場合が多いです。そこで，横並びの場合とそうではない場合に関して，参照行動を含めて「組織の立場に立った行動」を想定しておきましょう。

　一方でバーナードの個人の定義にみるような人間が仮定されます。個人は組織と対立的です。これは目的を構成し，結果を評価する価値を自前で形成している，という意味です。したがって，自己の目的と関連づけ，自己の価値に基づいて選択的に特定の組織との関係を形成しています。特定組織との関係の程度は，マーチ＆サイモンの一体化の概念で明らかにされているように，高い一体化が生じた場合，組織との対立を乗り越え，組織目的は個人目的となり得ます。この場合の組織の立場に立った行動は，最低限度の行動から，特定組織の目的が個人目的化した場合までさまざまな程度が存在することが考えられています。個人の職務は限定されており，職務明細書にその規定がなされているとすれば，行動，選択，意思決定の価値参照は自己の価値観ということができます。個人は，組織の立場に立って，主観的に本人流の意思決定を行う，ということができます（**表4-17**）。

表4-17　意思決定の比較

個人 Non Individual	外部参照の 意思決定	おかれた状況で望まれるもの，権威ある決定基準を探索し採用する	自動的 　結果的に横並びする
個人 individual	内部参照の 意思決定	組織目的を達成するための努力を行い，選択を行う	個別的 　横並びを選択 　模倣を選択

出所）大平義隆編著（2006）『変革期の組織マネジメント―理論と実践』文眞堂。
＊外部参照は，自分の行動を決めるための基準を，特定の状況で望まれるものから借用すること。
＊内部参照とは，自分で自分の考えに従って決定を行うこと。

　他方，横並びによって提出された外部価値参照による意思決定のモデルを考えてみましょう。この場合であっても，組織の立場に立った意思決定でなければ組織の意思決定ではあり得ません。さて，外部価値参照を通して自己目的化

する場合，そもそも参加自体が目的となっていることも多く，目的の上で対立関係が生じることは少ない。この場合は，組織目的を自動的に参照し自己目的化した後，主体的にその達成に努力することをみてきました。個人は，組織の立場に立って，客観的にその場の状況に合わせたやり方で意思決定を行う，ということができるでしょう。しかも，組織の相互作用による一体化の効果が生じる以前に，目的という観点からは一体化が終了しているのです。このような組織の立場に立った行動の差は，**表4-18**のように理解することができるのです。

表4-18　組織における個人の比較

近代経営学の定義する個人 組織の立場に立って，主観的に本人流のやり方で行動 ＝自己価値に基づく，選択的な組織一体化をする 横並びから導かれた個人 組織の立場に立って，状況に合わせたやり方で行動 ＝組織価値を自動参照し，「主体的」に深く一体化する

出所）大平義隆編著（2006）『変革期の組織マネジメント―理論と実践―』文眞堂。

4．今後の日米の差異形成の構造

　本章では，「横並び」という現象の研究と分析を通して，「変革期」における変化の方向を指し示す要素を見出そうとしてきました。新規の概念が多く，かつその説明も十分ではないように思われますが，わずかでも，本章の意味が伝わることを祈ります。

　ここでは「横並び」を，外部価値の参照行動とセットにして意思決定の過程で説明を試みてきました。ここだけの説明では論理的な一貫性が存在するようにも思えますが，さらなる検証が必要でしょう。しかし，意思決定の過程の中に，「参照」という行為を浮かび上がらせることで，米国との差異をここでは明瞭にできたものと考えています。したがって，この参照という概念を意思決定の分析の中に組み込むことは有効なことといえるでしょう。

　また，日米の差異を説明する方法として，今回は実際の結果の比較から類推する方法をとっていますが，具体的な差異の形成の構造を示すことが必要です。

116

これは今後の研究にゆだねることにします。

注

1) 三戸公 (2017)「バーナード主著，再読 ―今，何故バーナードか」『経営論集』64巻4号，明治大学。

2) ジェームス・アベグレン (1958)『日本の経営』ダイヤモンド社。

3) 岩田龍子 (1980)『日本的センスの経営学―実感からの出発』東洋経済新報社，三戸公 (1991)『家の論理1』文眞堂。

4) 鶴光太郎 (2013)『規制改革会議 雇用ワーキング・グループ報告書』内閣府。

5) ジェームス・アベグレン (1958)『日本の経営』ダイヤモンド社。

6) Ouchi, W. G. (1981) *Theory Z: How American bushiness can meet the Japanese challenge*, Addison-Wesley.（徳山二郎監訳 (1981)『セオリー Z』ソニーミュージックソリューションズ）。

7) セオリー Z。Z理論は，平等で親密な人間たち，となるそうです。「平等で親密」という温かな雰囲気が個人を動かし，細かく監視しなくても自発的に行動するとしている。マクレガーの研究で，既に XY 理論 (McGregor, D. (1960) *The human side of enterprise*, McGraw-Hill.（高橋達夫訳 (1970)『企業の人間的側面―統合と自己統制による経営』) がある。マクレガーは，人間を見る見方として，勤勉な人間としてみる（Y理論）か，怠惰な人間としてみる（X理論）か，2つあるといっている。この次くらいに大事だと言っているのでしょう。米国内にはX型とY型がいますが，海を渡るとZ型に会える，というものでしょう。確かにこの後，これを真に受けた研究者などがたくさん日本を訪れました。

8) 業績評価インタビューとは，結果だけを評価するのではなく，どのように結果を出したかを聞き出し，人事としてのアドバイスを行い，より高い業績に向かわせるという技法。Ouchi は米国も結果だけ評価しているわけではないといいたいのでしょうが，そもそも，仕事の仕方が，個別限定的であることが差異の根元にあることに気がついていなかったのです。

9) 三戸公 (2011)「個別資本説の新次元―日本経営学の帰趨を探る」『中京経営研究』第20巻第1・2号。

10) 間宏 (1971)『日本的経営―集団主義の功罪』日本経済新聞社。

11) 竹村牧男 (2020)「鈴木大拙における華厳思想と戦後の日本社会」『国際禅研究』。

12) 東寺の曼荼羅の一つ
曼荼羅の入れ子構造：京都東寺に残されている禅宗の世界観を表す曼荼羅絵。全体は9分割，分割された一つにさらに9分割がみえ，その中にも同じ構造がみえます。世界は入れ子になっています，という考え方。日本人のものの考え方に影響を強く与えています。特に，前憲法にある家父長制が例です。いまだに，目上の人が偉く，責任をとる者，という考え方が残り，マスコミも，

親，教員，社長，首長など集団の長の責任を追及し，社会に合わせているように思われます。封建的な現象です。

13) 三戸公 (1991)『家の論理 1』『家の論理 2』文眞堂。

14) 岩田龍子 (1977)『日本的経営の編成原理』文眞堂。

15) 内閣府 (2013)『規制改革会議 雇用ワーキング・グループ報告書』。

16) 高野陽太郎 (2008)『「集団主義」という錯覚 ― 日本人論の思い違いとその由来』新曜社。

17) たとえば，個優先型の職務給制度を用いていないのは日本だけだと，日本政府は考えています。規制改革会議 (2013)「雇用ワーキング・グループ報告書」総務省。すでに，アジアどころの話ではないことになります。

18) ファイヤーウォールとは，個々のコンピューターの機能で，外部からのウィルス侵入を防ぐためのソフトのことです。ここでは，日本人が持ち合わせていない自己防衛機能のことを言っています。

19) 判断機会とは，人の意思決定に先立つ価値の参照を自律的に内部化するか，外部・状況を参照するか，分かれるメカニズムを説明する用語のことをいいます。判断機会は扶養者と教育者などからの付与と剥奪にわかれます。たとえば，北米系の「○＋○＝12」の教育の場合は判断機会の付与と考えられましょう。「皆に笑われるよ，皆に迷惑だよ」は，判断機会の剥奪になるといえるかもしれないのです。

20) 上記のように，アジアの多くの国で，米国化が進んでいるとみるべきです。このことは，わが国の教育などの課題にしていくべきだと思われます。

21) エンロン：米国エネルギー関連会社，Enron Corporation。この会社による巨額の粉飾決算と，その発覚 (2000 年 10 月)，株式暴落による社会不安，企業統治制度の不備の露呈，などをエンロン・ショック，エンロン事件といいます。エネルギー関連株は安定していると思われ，退職金で購入する人が多かったため，社会問題になりました。

22) 本書 p.79 の 10 行目から p.88 表 4-9 は，大平義隆 (2006) の p.13 の 3 行目より p.23，本書 p.104 の 19 行目から p.105 の 15 行目は，大平 (2006) の p.3 の 5 行目から p.27 の 4 行目，本書 p.111 の 7 行目から p.115 の 20 行目は，大平 (2006) の p.27 の 6 行目から p.32 の 17 行目，の再録です。

23) 日本経済新聞，1992 年 10 月 9 日。

24) 日経連労働問題研究委員会 (1996)「構造改革によるダイナミックな日本経済の実現に向けて―平成 8 年版労働問題研究委員会報告―」49 頁。

25) 労働省 (1997)『労働運動白書 (平成 9 年版)』83 頁。

26) 日本経済新聞，1997 年 3 月 20 日。

27) 共同通信，2006 年 2 月 2 日。

28) 土屋守章・許斐義信 (1995)『これからの日本的経営』NHK 出版，62 頁。

29) 日本経済新聞，1994 年 1 月 21 日。

30）21世紀企業研究会（1995）「企業経営における環境政策の研究—経営基盤，環境問題への取り組み，環境対策の成果—」。※1995年実施，上場企業858社対象，回答238（27.7％）社。

31）経済同友会（2000）「新時代に向けた企業経営—革新への考察—」。

32）東京海上日動リスクコンサルティング（2021）「令和2年度 厚生労働省委託事業 職場のハラスメントに関する実態調査報告書（概要版）」。

33）1993年10月におこなわれた早大フォーラム（早大出身者を中心とする異業種交流会の一つ）へのアンケート調査。内容は有給休暇，過労死など。発送数は204，回収68，有効67（32％）

34）縦社会の成熟とは，封建社会の成熟と同義で，全体優先社会の成熟，という意味である。世界は，個か全体，どちらかを優先する社会に二分できます。これらは法律や規則で他方を抑制することで，秩序を維持しています。しかし抑制された他方も人の欲求であるため，抑制し続けると緊張が高まり不安定になります。したがって，一方を優先する社会が成熟すると，他方を尊重するようになり，社会的調和に至る，と仮定できるのです。わが国の場合，上位部からの一方的指図は個を抑制しすぎるため，「自ら考えるようにすること」「それを認め促進すること」が生じます。察し，気働き，の重視（河合1984）です。

35）大平義隆（1998）「日本企業の横並びの意思決定」佐久間信夫編『現代経営学』学文社。

36）河合隼雄（1984）『日本人のアイデンティティ』創元社，78-79頁。

37）Barnard, C. I.（1938）*The Function of the Executives*, Harverd University Press, p.13.

38）March, J. G. and Simon, H. A.（1976）*Organizations, New York*: John Wiley & Sons.

参考文献

大平義隆（2006）「わが国組織の人間モデルと意思決定における参照行動の検討」大平義隆編『変革期の組織マネジメント—理論と実践—』同文館出版。

大平義隆（2010）「日米企業差異理解のための社会的調和の視点—差異を形成する異なる価値参照行動—」羽石・森・地代・黒澤編『工業経営における人・組織と技術』学文社。

大平義隆（2017）「わが国工業部門の経営管理における文化差の解釈—社会的調和の考え方を基軸として—」工業経営研究学会編『変革期のモノづくり革新 工業経営研究の課題』中央経済社。

桂田恵美子（1999）「いじめ研究：海外と日本との比較」『比較文化』5号。

金綱知征（2015）「日英比較研究からみた日本のいじめの諸特徴—被害者への否定的感情と友人集団の構造に注目して—」『エモーション・スタディーズ』第1巻第1号。

スミス, P. K. 他編　森田洋司総監訳 (1998)「世界のいじめ：各国の現状と取り組み」金子書房。

昼田原四郎 (1997)「『いじめ』研究の現状と課題」『福島大学教育学部論集』第 62 号。

堀井啓幸 (1994)「いじめの国際比較―その実態把握の問題を中心として―」『学校経営研究』第 19 巻。

森田洋司監修 (2001)『いじめの国際比較研究：日本・イギリス・オランダ・ノルウェーの調査分析』金子書房。

文部科学省 (2022)「令和 4 年度児童生徒の問題行動・不登校等生徒指導上の諸課題に関する調査の結果公表に当たっての朝日新聞社の対応について」文部科学省 HP。

文部科学省初等中等教育局 (2022)『いじめの現状及び文部科学省の取組みについて』。

姚逸葦 (2016)「いじめの国際比較における概念分析の方法に関する検討 ―家族的類似の概念構造の形成と扱い方を中心にして―」*Kyoto Journal Sociology* XXIV.

OECD (2015) PISA (OECD の学習到達度調査プログラム).

〈「過労死」に関する大平の研究〉

大平義隆 (1994)「日本的かかわり合いの研究「背負い込み」の仕組み」『工業経営研究』8 号。

大平義隆 (1994)「日本的集団の人間形成と権威主義的影響「背負い込み」の状況」『工業経営研究』8 号。

大平義隆 (1996)「「囲い込み」と「背負い込み」」『工業経営研究』10 号。

大平義隆 (1996)「経営倫理と日本的経営の過重労働・横並び―人間行動の差異性の研究から」『日本経営倫理学会誌』3 号。

大平義隆 (1997)「わが国従業員の「受容」の考察―京谷の議論を中心に―」『工業経営研究』11 号。

〈「過労死」に関する引用〉

井上忠司 (1988)『「家庭」という風景―社会心理史ノート』日本放送出版協会。

岩田一哲 (2013)「過労自殺のプロセスに関する分析枠組みの提示―ストレス研究との関係から」『人文社会論叢. 社会科学篇』(30) 1-27。

大平義隆 (1998)「企業の意思決定の横並び傾向と脱横並び」『工業経営研究』Vol.120。

大平義隆 (1998)「わが国企業の意志決定パターン―横並び―」『信州短期大学研究紀要』(信州短期大学創立 10 周年記念論文集第 10 巻 1・2 合併号)。

大平義隆 (1999)「人間行動の視点に立った日本的経営の解釈―植村省三の理解を手がかりに―」『21 世紀の企業経営』(経営学論集第 69 集)。

大平義隆 (1999)「バーナード理論のわが国への適用と限界」『経営理論の変遷』（経営学説史学会年報第 6 輯）。

河合隼雄 (1984)『日本人とアイデンティティ』創元社。

川野重任編 (1982)『在日外国人学生—その日本観』大明堂。

工藤達男・奥村経世・大平義隆 (1992)『現代の経営管理論』学文社。

雇用促進事業団 (1989)『青年の職業適応に関する国際比較研究』。

佐野陽子 (1989)『企業内労働市場』有斐閣。

祐宗省三 (1994)「授業中における大学生の無質問行動をめぐる教育心理学諸問題」『第 36 回総会発表論文集』日本教育心理学会。

総理府 (1986)『労働時間，週休 2 日に関する世論調査』。

総理府青少年対策本部 (1979)『組織で働く青少年の意識』。

総理府青少年対策本部 (1984)『世界青少年意識調査報告書』。

間宏 (1971)『日本的経営—集団主義の功罪』日本経済新聞社。

浜口恵俊・公文俊平編 (1982)『日本的集団主義—その真価を問う』有斐閣。

藤原正典 (2021)「大教室における大学生の質問・発言行動」『教育学部論集』32 号，佛教大学教育学部。

道田泰司 (2011)「授業においてさまざまな質問経験をすることが質問態度と質問力に及ぼす効果」『教育心理研究』59 巻 2 号。

三戸公 (1991)『家の論理 1』『家の論理 2』文眞堂。

無藤隆，久保ゆかり，大嶋百合子 (1980)「学生はなぜ質問をしないのか？」『心理学評論』23 巻 1 号。

渡部淳・和田雅史 (1992)『帰国生のいる教室—授業が変わる・学校が変わる』日本放送出版協会。

Hall, E. T. and Hall, M. R. (1986) *Hidden Differences*, Santa Fe, New Mexico. （勝田二郎訳 (1986)『かくれた差異』メディアハウス出版会）

Levin, K. (1951) *Field Theory in Social Science*, New York: Harper. （猪股佐登留訳 (1956)『社会科学に於ける場の理論』誠信書房）

O'Reilly, C. (1989) Corporations, Culture, and Commitment: Motivation and Social Control in Organization, *California Management Review*, SUMMER.

〈「あいさつ」に関する引用〉

安部孝 (2021)「基本的生活習慣における「あいさつ」についての考察—道徳性の育成の視点として—」『名古屋芸術大学研究紀要』第 42 巻，名古屋芸術大学。

肖潔 (2019)「あいさつとあいさつ表現の判断基準及び分類に関する考察：日本語の視点をもとに」『研究論集』19，北海道大学。

倉持益子 (2013)「あいさつ言葉の変化」『明海日本語』第 18 号，明海大学日本語学会。

丁尚虎・黄利斌・上原聡 (2016)「日本人大学生と中国人留学生におけるあいさつ

の使用実態について―出会いの場面を中心に―」『言語処理学会第22回年次大会発表論文集』。

中村奈良江 (2016)「あいさつ語と感情の関連に関する日米比較―言葉は感情を反映しているのか？―」『人間科学論集』第11巻第2号，西南学院大学。

小林祐子 (1981)「アメリカ人と日本人の挨拶行動―出会いの挨拶―」『東京女子大學附屬比較文化研究所紀要』42，東京女子大学附属比較文化研究所。

第5章
個と全体

■ 第1節 「個と全体」の確認

　世の中は，人の作り上げた仕組みでできています。これらは，個と全体の，入れ子の関係になっていることが多いのです。個と全体の関係は，行動を研究するときには，きちんと取り扱う必要があります。それは，2つのパターンがあり，現実には一つであるようにみられているからです。これは社会科学者にとって大きな失態です。何も問題を解決できず，給与だけもらっていることになります。社会的期待には全く応えられていません。したがって，しっかり研究する必要があります。

1．実在の個と全体
（1）生物における個と全体

　人間は生物の中の一つです。我々が生物と称するものは，さまざまありますが，人間が含まれているのは哺乳類です。この哺乳類は，ほとんどに，脳があり，心臓や大腸などの臓器があり，骨格があり，形成されています。さらに，こうした臓器などは，たくさんの細胞からできています（ケストラー 1983）。

　生物が全体なら臓器は部分で，臓器が全体なら細胞は部分です。全体は個であり，個は全体である，ということをいいたいのです。

【全体】人間 —【個】器官（心臓）

　　　　　【全体】器官（心臓）—【個】細胞（心筋細胞）

　　　　　　　　　【全体】細胞 —【個】様々

(2) 標準的国家における個と全体

人が生きていくために，集団を形成するなどの工夫を重ねてきました。これらは現在，国家と国民と行政組織の関係になっています。

【全体】国家 ― 【個】機関（地域行政機関）

　　　　【全体】機関（地域行政機関） ― 【個】都道府県民・国民

(3) 標準型の会社の組織における個と全体

ここで取り扱っている標準型の会社は，さまざまな関係者で出来上がっています。かかわっている会社自体もまた，さまざまな関係者で出来上がっています。こうした会社の組織は，仕事の，個と個の契約で生じています。関係会社も，出資者も，従業員も，みな，関わる会社とはまったく異なる目的をもち，その目的を叶えるために，利己的に行動しています。そういった関係になっています。企業と企業の間の交換，企業内での個と個の交換（＝契約された個の仕事，仕事の依頼主）のことで，目的でいうと，従業員の目的と，依頼主の目的は違っている，ということです。

【全体】標準型の会社 ―【個】関係会社，出資者，従業員など

　　　　【全体】自律した個人 ― 【個】個独特の経験

　　　　　　【全体】関係会社 ―【個】関係会社,出資者,従業員など

2. 人の認識としての個と全体

(1) 見えの研究：個と全体

人間の見えの研究から，電球の点滅が，飛んでいく風船や，飛び跳ねるうさぎ，飛び上がるロケット，などにみえます。それが一人ではなく，ほとんどの人に，見えます。電球の点滅を全く別のものとして認識できます。こうしたことから，全体は部分の総和とは異なる，という考え方が生じました（神田義浩，2002）。

【全体】ネオンの，飛んでいく風船 ―【個】電球の点滅

【全体】電球の点滅 ―【個】電球と部品, 電力

(2) 認識が作る意識, もう一つの欲求

　クルト・レヴィンは, 全体は部分の総和とは異なる, という考え方を, 人と人の関係にみられる我々という感覚にあてはめました。これは, 社会的ゲシュタルト (コフカ 1998), といわれました。この我々意識は, 私を含むため, 私を守る欲求同様に, 我々を守る欲求となっています。また, 見えの研究同様に, あらゆる人に含まれることになります。

【全体】我々意識 ―【個】人の相互作用

【全体】自律した人 ―【個】個独特の経験

(3) 日本型の会社の個と全体

　日本の会社は, そこに向けた人間形成がなされた人たちによって支えられています。本来民主化すべきだったものが, されずに残っています。政治制度, 経済制度, 法制度以外の, 人の行動の部分は変更されていなかったため, 従来の全体優先が残ってしまっています。「一致団結」を文字通り行う場合には矛盾は出てきませんが, 利用した場合, 経営者のただ乗りという意識が生じ, 生産性は低下することが予想されます。

【全体】わが社 ―【個】会社に一体化した人

【全体】一体化先を探す人 ―【個】属性欲求

📖 宿　　題

次のどちらですか, AかBで答えてください。

A：将来不安なのは, 就職先を得られるかで, 仕事としてしたいことよりも優先する。

B：将来不安なのは, したいことを, 実行できるかだ。

第2節　行動の継続に関して

　日米の行動の差異の理解という課題は，人と人の相互作用で生じるものです。そこで，人の行動，人と人の相互作用の研究が必要になります。この研究の目的は，異なる日米で，それぞれ同じ行動が継続して生じるメカニズムを示すことです。

1. 行　　動

(1) 行動の研究

　主に目的の二重性の解決の為に，組織行動論では，組織目的と個人目的を一

表5-1　経営を取り巻くわが国の現実

優先	行動	制度
◎日本は，統治制度と安定制度への変更の二重の制度変更中 ●（第1）統治制度は，複雑化し相互依存が進むと変更は困難と予想可能 ・横並びなど，否定的なものが残存することが証拠 ・基本である参照先すら，修正されないままが証拠 ●統治制度変更がなされたが，大きな修正にはなりそうもない ・働き方関連法案では，一面的で，表面的だからだ。 ●統治の検証可能な「循環」のメカニズム ・統治は，個優先か全体優先の意思決定でできている ①統治の優先先は，一方を法律で抑制し他方に固定させ形成する（力学） ②統治方式が一般化すると，相互作用の同化作用が，強化要因となる（力学） ③統治の優先先の形成と固定は，抑制費用低減のため，教育で固定する（力学） ●統治の優先策の形成と固定は，必然的な相互作用の中で強化され，行われる。 ③必然的な相互作用の一つは「挨拶」。接触での不安解消（力学）に相手を確認し緊張緩和。 ②必然的な相互作用の一つは「母親の社会的位置」。自分の緊張緩和（力学）。 ＝過保護と放置：判断機会の与奪 ②必然的な相互作用の一つは「教育」。早い成長，自律，主張と，状況優先，察し（力学）。 ●（第2）安定制度化は，他方抑制で生じる不安削減で，他方尊重。 ・全体優先個制の修正は，可能。 ・だが，個優先型との共存をどうするかは【先送り】		
個優先	・価値確認―自己価値参照	・個優先制度 ・職務限定制度
全体優先	・価値確認―状況参照 ⊕適応， ⊖過重労働，過労死	・全体優先制度 ・職務無限定制度 →働き方改革

体化させること [1]，「インボルブメント」が課題となり，人間の行動の研究が進みました。ホーソン実験では，仕事集団内に非公式組織が生じ非公式のルールに従って行動していることが示されました。次に，目的の二重性を解決するため，内容理論と過程理論からなる欲求理論の研究が注目された，と思われます。

(2) 日本への導入の問題

　また，これらには日本にそのまま持ち込めないと思われるものも含まれています。ホーソン実験で見つかったルールは，やりすぎない，やらなすぎない，つげぐちしない，お節介しない，でした。初めから3つ目までは日本人でも納得しますが，4番目は，現代ではそうではありませんが，かつては真逆でした。母親，教師，医者，政治家，日本で他者に責任を持つ人に求められる性格の一つは，面倒見で，お節介とはこれを嫌がる場合の表現だからです。現実の日本のまなび手達はそのまま，鵜呑みにしています。

　内容理論は，行動を内外の刺激の結果ととらえたものです。マズローは，生理的，安全，社会的，尊厳，自己実現の5つに分け，ハーズバーグは，これらを外的刺激からなる下位欲求，内的刺激からなる上位欲求に分け，前者を衛生要因，後者を動機づけ要因と説明しました。前者は，刺激によって心理的に不安定が生じ，それを解消しようと行動が生じます。不満足の無不満足化，です。後者の上位欲求は，職務給制度での自律的な人間の動機付け要因で，自らの行動の自己評価が高い場合，行動が強化されるもの，と考えるべきで，個優先型に特有のものでしょう。全体優先型で行動が強化されるのは，全体の為にしていることの他者評価が高い場合でしょう。

　過程理論のうち，公平理論は日本人でも納得するものですが，期待理論は，自律的な個人が，職務給制度を土台に，考えて行動する姿を基本に据えるため，期待理論は日本人には当てはまらない，と思われます。また，コミットメントの調査研究も，期待理論に近い，個別合理的行動をとる人間を基にするため，我が国の現実に当てはめることは間違っていると思われますし，その違いに気が付かないことは気がかりです。

　わが国の現実に当てはまらないよう思われるのは，ホーソン実験の知見や欲

128

表5-2　優先先の違いの存在

	共通する部分	個優先国	全体優先国
ホーソン実験	非公式組織の掟の中の「やりすぎない，やらなすぎない，告げ口しない」は共通と思われます	同じ非公式組織の掟の中の「お節介しない」は個優先国では，嫌がられます	左は利己的な国で存在全体優先の日本では逆に「面倒見」の良いことが喜ばれます
欲求理論の内容理論	二要因理論の衛生要因である，賃金など外発的要因が不足すると不満が生じるのは同じだと思われます	同じ二要因理論の動機付け要因が，達成感，成長感などの内発的要因。個優先国の理論	左は利己的な国で存在「勝手なこと」はできない。動機づけは「認められる」など外発的要因
欲求理論の過程理論	公平理論；比較で満足不満足が生じるというもので同じに思われる	期待理論：個人目的達成の観点から，仕事の評価を行う理論	左は利己的な国で存在「勝手なこと」はできないので，強く機能することはないと思われる
職務不満足	仕事時間，賃金への不満	職務給制度の契約社会で，転職することで不満解消をする	左は利己的な国で存在所属社会のため，転職は困難で，個々の不満は解消しにくい
所属と「忠誠心」	会社は，人を雇い，即ち所属させ，仕事をさせる。会社にとって従業員の所属は必須になる	一般に随意契約になるため，解雇が比較的容易になるため「忠誠心」を明確にしないと解雇されやすい判断されるだろう	終身雇用の為，勝手に解雇できない。「忠誠心」を示すことは逆に周囲に疎まれると判断されるだろう

求理論などが，すべて移入された理論で，加えて考え方と研究方法までセットで移入されているからだと思われます。すなわち，方法論的個人主義の立場であり，同様の姿勢に基づく調査研究方式が用いられているからだと思われます。

2. 欲　　　求

　欲求理論では，マズローの欲求段階説が有名です。経営学で取り扱われる欲求理論には，内容理論や過程理論などがありますが，すでに述べたように，移入された学問で，研究者は，既にあるものとして素直にこれらを学んできました[2]。

　欲求の仕組み：社会は人と人の相互作用でできています。他者の行動が刺激（松井 2023）となり，自己の内部の緊張が生じ，即ち欲求が生じ，緩和や充足

を求めて，行動が生じる，とここでは考えています。言葉はこのような使い方がなされています[3]。

(1) **欲求の意味**：欲求とは，**連続的な刺激**で生じる緊張を意味する，とここでは考えます。誰にでもありうるものですが，一般に，欲求といえば，ここで取り上げてきた理論は，多く人々に共通する行動の起源，を意味しています。この欲求を行動のメカニズムとして説明するには，なぜ一般的で多くに共通するのかを，状況的に又は統計的に説明する以上に，**発生のメカニズムを客観的に説明**する必要があります。私どもは，米国などの標準国とは異なる行動の仕方を持っていると考えているので，既存の理論をさらに深掘りしていく必要があるのだと考えましょう。

(2) **欲求の発見，欲求の形成**：**人間相互作用の中で，必然的で連続的な刺激がある場合に生じる緊張**で，それは社会的な欲求と称することができます。これまでの欲求は，海外から移入し，正しいと認識された，既存のものしかありませんでした。しかし，欲求は形成されるもので，その存在は，先の「必然的で連続的な刺激」を探すことで見出すことができます。社会的な欲求に関しては，相互作用の中で探せばよいことになります。

(3) **行動継続に注目する**

すでに述べたように，ここで重要なのは，行動ではなく，行動の継続です。それは，行動が個別にみると個々さまざまで，定義のしようがない点，しかし，日本と米国の比較でみた場合，個都合の決定と全体都合の決定を促す制度の違いがあり，同様の行動を意識下でとっている人間がいる点，そしてそれが，政策的に法律を変更し制度的に米国化（民主化，現代的には標準化）しようとしたにもかかわらず，少なくとも日本は，民主化されて80年近く変更することができなかった点，が理由となると思います。つまり，ここでは次のような仮説を設けています。

経営で取り上げられる，日米にみられる行動等の差は，日米夫々の従業員に共通した行動等の差であり（ただし，日米に固有のものではない），意思決定の差であり，個都合と全体都合の差であり，これは法的制度の変更だけでは変更す

ることができないこと，それほど強くそれぞれの違いを継続するメカニズムが
それぞれに存在していること，です。

（4）人の行動の継続の構造：相互作用

　人の行動は，相互作用で形成されています。行動の継続は，**人の相互作用を**
通し，図 5-1 のような，行動の連鎖を生じるなかで継続すると思われます。○
が個人で，その個人の行動が刺激となり，相互作用者に緊張を発生させる，と
いうことです。

　人の行動の継続は，このように，人の相互作用を構造にして，行われている
と考えることができるのです。

図5-1　緊張と緩和の連鎖

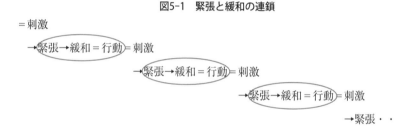

=刺激

（5）取り上げている行動のこと

　また，日米比較で取り上げている 2 つの都合，私都合と我々都合，個人都合
と全体都合の行動は「継続している行動」です。「継続している行動」は，ど
のようにできるのでしょうか。一つには，すでに述べた相互作用による等質化，
です。その場合の条件としては，安定的長期的な相互作用のことです。

　相互作用が安定的に行われる安定的長期的環境の条件はさまざまにあるでし
ょう。私には科学的証明をすることはできませんが，未熟な歴史観からすると，
江戸時代 1603 年の始まりから大政奉還 1867 年まで，支配者が交代しその後民
主憲法 1945 年が発布されるまで 342 年間，封建制度が安定的に存在していま
した。このことは，十分に相互作用が安定的に行われていた条件として考える
ことができるかもしれません。

(6) 必然的で連続的な相互作用

　次に，先に述べた，「必然的で連続的な相互作用」に関する説明を行います。人の相互作用で必然的なものを，探索が必要です。研究もまた行動です。何をすべきかと，向かう力が必要です。ここではおおざっぱに2つをあげるだけですので，検証が必要です。

　人は，子供が生まれると，子育てを行ってきました。人間の必然的な相互作用です。また，緊張緩和としての人間のさまざまな生きる工夫から分業や共同が生まれました。人は人と出会う確率が格段に高くなっていきました。具体的で，必然的行動を探索すると，4章で紹介した「挨拶」という行動を見出すことができます。人が他者に会い，不安を感じ緊張が生じた場合，相手がどのような行動をとるでしょうか。緩和のための行動をとるでしょう。それは相手を確認するということです。我々は工夫としての挨拶を作り上げてきたのでしょう。これもまた必然的でしょう。

(7) 必然的で連続的な相互作用の同質化方式の探索

　働き方改革のもとにある日米の違いの考え方は，すでに何度か示しているように，標準型と日本型であり，自律型と非自律型です。標準型という表現には科学的根拠は示されていませんでしたが，日本とそれ以外の多くの国，という意味だと考えられます。

　この2つの行動が，ここまでの構造を通して等質化するには，何らかのそうなるエネルギーが必要です。このエネルギーはもちろん緊張を緩和する力のことです。したがって，方向で探索を進めることができます。探索の進め方は，仮説検証を繰り返すことです。この繰り返しの中で，適切と思われるものを発見できる，ということです。

　ここでは，**図5-2**のような説明を示すことにします。親の子供への必然的な行動が，等質性を保証し，出会う人の挨拶によって等質性を強化します。

　さらに，2つの異なる傾向を形成する相互作用を論理的に探索します。自律型の場合，自らの行動の時間と空間を守ることが第1になります。親になった場合，子供と空間と時間と努力を奪い合うことになります。そこで，親は子供

132

図5-2

米国子育て：親が自律的＝自分の時間空間を求める＝子供の早い自律を求める（／大人モデル）

➡自分の考えに基づき行動する子供へ

米国対外的：相手の考えを聞く（ない場合，緊張し（不安が生じ），作るようになる）

➡自分の考えに基づき行動する大人へ

日本子育て：親は依存的＝母親の属性維持を求める＝子供の世話を焼き，所属を求める（／大人モデル）

➡属性を求め，その状況に基づき行動する子供へ

日本対外的：相手の属性を聞く（ない場合，緊張し（不安が生じ），作るようになる）

➡属性を求め，状況に基づき行動する大人へ

に，早く大人になってほしいと考えると仮定できます。この仮定を保証する事例を集めることで，この仮定の精度を上げることができます。自律が自律へとつながり，等質化が叶うことになります。したがって，この仮説は不完全ですが立証されることになります。

全体優先の場合，自らの行動が含まれる時間と空間を守ることが第1になります。母親の場合，母子の関係を守ることが第1になると，自律型とは逆に，子供のままでいてほしいと考えることになります。自分で決められない場合，状況に合わせる誘導をすることで，全体優先が連続します。

📖 宿　　題

図に関して，答えてください。

1. あなたは図5-1を認めますか？　認める場合は，A。そうでない場合Bと答えてください。

2. あなたは図5-2を認めますか？　認める場合は，A。そうでない場合Bと答えてください。

第3節　標準的な行動と変更

1．ここまでの「日米の異なり」

日米企業の制度の違いは，個人都合，全体都合の制度の違いでした。しかも，

過労死，横並びの研究からわかったことは，日本人は，本来標準的で個人合理的な行動をとっている標準的な人間である，とはいえない，ということです。

　すると，制度変更で，行為は変わらないということが考えられます。実際に，法体系の変更（1947 年施行の日本国憲法）ではできなかった働き方を，働き方改革法案（2019 年施行）で変更させようとしていますが，今のところ変更はすすんでいるとはいいきれません。

　日本を標準化する試みは，人の行動の形成過程の研究に誤りがあり，変革すべきものが違っていたのかもしれません。制度変更だけ，とはどういうことでしょうか。人間はすべからく自律的，即ち，自律的に考え自己主張でき行動できる人であって，彼らを，制度によって縛っている，という考えを基にしている場合の戦略です。ここが違っていたようです。

2．日本以外の，標準的，な行為と，社会

　行動と行為は，よく似た言葉です。社会学では，主体を意識した場合個人の活動は行為と呼び，単に活動を表現する場合，行動と呼び区別します。次に，社会学では人間の行為を 2 つに分けます。生理的生体維持欲求解消の結果と，他者との関係で形成された個人の維持欲求解消（社会的行為）の結果に分かれます。

　社会学の基本はマックス・ウェーバー（Max Weber, 1864-1920）が作りました。彼は，社会的行為を 4 つに分け，示しています。

　　1）目的合理的行為：個人の目的に対して適合的な手段を選択した行為。
　　2）価値合理的行為：個人の特定の価値観に沿った行為。
　　3）感情的行為　　：個人の感情が動機となった行為。
　　4）伝統的行為　　：個人の，日常の習慣化した行為。

　わが国でいう「社会」という概念はここにはなく，個人の「社会的行為」になります。日本人が感じる，自分を取り巻く全体，という感覚はありません。この場合，他者は個人で，自分とは，一対一の関係でつながります。だから，他者は，わが国のように，社会という全体を共有し全体に規定される漠然とした仲間ではないのです。繰り返しますが，わが国では，皆に共通した社会が既

に存在し，そこに皆が属しています。標準型は，そうではありません。共通した社会という存在はなく，他者との間の個人の行為のことです。

したがって，全体維持困難への不安を生じさせないためには，個人が他者のことを考える機会を意図的に作り上げ，他者への貢献の重要性を刷り込むことが重要となるでしょう。

さて，最後にウェーバーの要点を示しましょう。それは，以下のようになります。

1) 行為者を全体の最小単位として全体，または人間世界の現象を説明。

2) 「方法論的個人主義」。個人合理的な行動をとる，という仮説。

3) 社会学の基礎概念。

わが国への影響としては，戦後の米国強い影響から，標準的な研究姿勢がわが国には流入したと思われます。この結果，ほとんどの社会科学系の研究者は，意識しているかどうかにかかわらず，以下に述べるように，方法論的個人主義の立場に立っているようです。このため，現実問題との間に齟齬が生じているものと考えています。さらに厄介なのは，日本国憲法が，自律的な個人，即ち，自己主張でき，自律的に行動できる，個人合理的な人間を基に作り上げられていることです。実際は，自律的な個人は抑制され依存的な個人となっていることです。事実，政治経済の教科書には，守るべき法律は羅列されていますが，自分を守るために，法律をどう使うかは書かれていません。教えられていないのです。

3. わが国の研究姿勢もまた個人主義

個人主義の国で発展した社会科学である法学，行政学，政治学，経済学，教育学，そしてここで扱う社会学は，上で述べたように方法論的個人主義の立場で研究されることがほとんどです。こうしたことは，これも繰り返しになりますが，戦後わが国は戦勝国からさまざまな援助を受け，強い影響を受けてきたためです。何より，それらの国が標準的であったからです。

ではなぜ，日米の異なりが，残存したにせよ存在していたのでしょうか。この答えをここではレヴィンの考えに依拠して考えています。レヴィンは，人間

は，私という意識以外に我々という意識をもち，使い分けていると考えました。この我々意識は，人々が何らかのきっかけで一定回数の相互作用を行った場合，生じる共通意識のことです。レヴィンはこの我々意識を社会的全体，と述べました。誰もが，我々を意識としてもっていると思われることは，各国の言語に「我々」が存在していることからもわかります。このことは，「我々」を維持する欲求を，私を維持する欲求同様に，どこの国においても形成しているということになります。

　マネジメントの2つの課題のうち一つは，非公式組織の離反性でした。この非公式組織は，我々意識で形成されています。労働者を道具として扱う場合，経営者は絶えず合理的にさらなる利益を上げる工夫を労働者に対して行ったのでしょう。ホーソン実験で発見された非公式組織の離反性は，経営者と労働者が対立的で，敵対的であることがうかがえます。事実，労働組合は，米国では仕事ごとの，経営と敵対的な，企業横断的組織で，日本の場合は企業ごとの経営と協調的な組合組織です。バーナードは，この離反性を，経営者が自分合理的で労働者との敵対的な関係ではなくすることで，解決できると感じました。それは，経営者としてのバーナード自身が職場の人間を我々と感じ，職場の人間も経営者を我々の仲間と感じることができ，会社を自分の会社と感じる可能性があることを，経営者として従業員と触れ合っていたから理解することができたのだと思われます。したがって，個人主義を選択しても，我々意識は存在しており，それを守る意識が生じるため，そうならない場合には何らかの緊張が生じる，ということでしょう。

　個人を重視し個人主義を選択した世界では，親子の時間空間の区別以外にも，さまざま社会で区別がなされ，個人を守ることが行われています。何度となく話した職務給制度と年功給制度の仕事の仕方の違いもそうです。監督の仕方もそうです。日本以外の国では，監督者は現場を見渡せる2階部分を作り見下ろして監督することが，特に東南アジアでは多くみられました。食堂も，経営者と同じなところはありません。同じところで働き，同じところで食事をするのは，日本だけでしょう。

　これらの2つの意識は，同時に存在していると述べましたが，これらは対立的となり，一方を選択してきたようです。その結果，どちらか一方を優先し，その都合に合わせた制度や行動が生じているのでしょう。

　日本人の家庭をもつ親ならば，子供が，成長するに従い，「家族の旅行計画」に従うのを嫌がることを経験しています。子供が自分の時間を主張し始めるまで，親たちは家族という全体を一番に考え行動することができるのです。子供の親たちは，親としてふるまうときには家族の視点に立つからです。ワンボックスカーが売れるのは，子供が付いて来てくれる間です。大きなテントやコンロなどが売れるのもこの時期です。標準国では，親の時間を確保することが一番で，早いうちから時間的空間的に区別がなされるので，事情が異なっています。

　会社の場合でも，社員に会社の視点に立つことを怠りなく行います。朝礼や社内報，年始の言葉，入社式の挨拶などなどで，会社の置かれた危機的状況を説明し，同じ視点で行動するよう絶えず促しています。このことは，難しい局面を迎えています。個人を重視する価値観が広がってきているからです。人事は，米国の流行よりも，現実の状況をみるべきでしょう。

　命題　なぜ日本は標準的ではないのか。
　仮説　一方優先のもとで個優先と全体優先の選択と形成がなされ，この部分
　　　　が戦後変革されず残存した。
　仮説　異なる形成プロセスの存在と，存在の必然性が存在する。
　証明　「2つ目の仮説の証明」で命題は満たされる。

📖 宿　　題

1. ホーソン実験で発見されたルールの理解に，あなたは同意しますか，しま
　 せんか。同意する場合は A，しない場合は B と答えてください。
2. 第1問に関し，できるだけ根拠を上げて説明してください。

注

1) 目的の二重性の解決は，個優先と全体優先では，やり方が違います。個優先では，どのように全体と一致させるかで，全体優先では，どのように全体一致を維持するため個人を扱うか，の違いがあります。

2) 大学院時代，先輩から，参考文献の半分以上は外国論文でないといけないといわれたことがあります。図書館で米国の雑誌を定期的にサーチしていたことを思い出します。現代では，若手研究者の国内学会離れが経営学では進んでいます。私はというと，この分野に関していえば，行く必要を感じていない。

3) 緊張と緩和，欲求と充足，これらは同じ現象を説明する表現だと考えていますが，力学的にメカニズムを説明する場合，欲求と充足では人の意識が入る場合があるため，力学的な説明には意識が入りにくい緊張と緩和が便利となると考えて，あわせて用いています。

参考文献

ケストラー，A. 著　田中三彦・吉岡佳子訳 (1983)『ホロン革命』工作舎。

神田義浩 (2002)「生体運動知覚の規定因」『広島経済大学研究論集』第 25 巻第 3 号。

コフカ，K. 著　鈴木正弥訳 (1998)『ゲシュタルト心理学の原理』福村出版。

横山れい子 (1981)「西田幾多郎の哲学説」『一橋研究』第 6 巻第 4 号。

松井大 (2023)「行動とは何か―基礎概念をめぐる研究者間の不一致について―」*The Japanese Journal of Animal Psychology.*

第**6**章
経営を定義する

▍第1節　広義の経営の定義

1．ここまでの議論

　経営学者は，経営について研究をし，たくさんの理論を重ねてきました。経営学が科学ならば，経営学者は，経営とは何か，この基本的な答えを探してきました。ここでは，経営を，人と人の関わりとしてとらえています。また，個と個の便益の交換という経済活動（経済）との違いとしての目的の二重性の解決と非公式組織の離反性解決を研究対象として考えています。さらに，経営の定義を，日米企業の意思決定の違い，制度の違い，として全体都合と個人都合の意思決定の違いがあることを踏まえるべきだ，と考えています。つまり，バーナードの研究は，人を合理的な判断だけをしないとするサイモン[1]とは違い，もう一つ我々を維持したい欲求があることを示しています。わが国の多くの社会科学の研究[2]では，多くは，方法論的個人主義の立場をとっているため，結局は違和感を説明することはできないようです。そこで，大きな主張の一つは，人は2つの欲求，私を維持する欲求と，それ以外に，我々を維持したい欲求をもっていて，集団は，この2つを満たすことによってのみ，安定する，という考え方です。

2．定義と確定方法と原型の設定

　集団において，人は一つではなく2つの合理性を持っている，と考えています。合理性は欲求でもあるのでこれを満たすことが集団の課題となるため，こ

れを「世界共通の，経済とは違うもの」，すなわち経営と考えています。考えるためには，さまざまな前提を置かねばなりません。その際に，言葉を定義しないと議論ができません。この定義は，以下のような手順で確定しています。

(1) 米国型を標準型と断定し，そこでの課題を経営学説史の中で，経済活動と比較しながら考察しました。経営の課題は，会社環境変化時の目的の二重性の克服と，非公式組織の離反性の克服で，経営学の対象となります。そこでバーナードは，この2つを非公式組織を利用することで解決しています。このことは，経営の現場で，2つの欲求が存在していることを示していました。

(2) 経営は人の行動の一つ。すると，経営も行動を定義する必要があります。まず，行動ですが，緊張を緩和する方向で生じると考えます。この緊張緩和の中に欲求充足が入ります。次に，人と人は必然的に相互作用を行います。すると必然的に我々意識をもつ[3]ことになります。したがって，人は，私を維持する欲求と，我々を維持する欲求の2つを，必ずもっています。また，世界は，私を維持する欲求を優先する世界，標準的世界と，わが国のように，我々を維持する欲求を優先する世界に二分されています[4]。

(3) つまり，世界は一方優先で他方抑制で作られていますが，人間はそうではありません。人間の多くは，一方を優先しつつも他方を抑制したくないため，不安や不満を感じています。集団の効率性は，一方を優先しつつも他方を尊重する形で行われるときに，高くなると考えています。

(4) ところが，戦後の米国からの影響は大きいため，基礎的な用語，たとえば，社会，会社，組織，会社の制度などを定義しなおす必要があります。その場合の方法は，人間の必然性から導く「原型」を設定し，個人優先，全体優先を想定していきます。

(5) その上で，そうした行動が実際にあるかどうかを確認し，確定する，というやり方をします。

(1) 広義の経営の定義

広義の経営は，企業の維持発展，と定義しました。大くくりの定義は可能ですが，それが何かを具体的に示すことは難しく，日米で異なる定義を導き出す，

原形を導き出すのは困難です。この原型は，社会科学としての経営で，世界共通のものとしての存在として定義することは困難です。

　そもそもマネジメントの理論はさまざまでジャングルのようになっているといわれました[5]。このうち，ファヨールを起源とする管理過程学派の理論は，わが国では経営管理論と訳され，企業経営にかかわる他の理論とまとめられ経営学総論，という名称で大学の科目がもたれ，テキストが出版されています。

　これまで取り扱ってきたテーラー，バーナード，それからファヨールは，マネジメントという言葉を使いながらも，同じではないようです。つまり，企業の維持発展のとらえ方が，違っている，ということではないでしょうか。言葉としての経営とマネジメントは，どうやら企業の維持発展，という意味で共通しているようです。

　では何が，日本的経営の特殊性を支えていたのでしょう。日本的経営が標準型とは全く異なっていること，この異なりであった全体優先と個優先の違いは，過労死などの社会問題を考察すると，経営活動のレベルだけではなく，あらゆるレベルで生じているように思われること，からです。

　ここまでは経営の言葉の問題であったが，不確かなところは多数あり，しっかりした定義を妨げているようです。たとえば，**社会に関し**，日本と標準国では異なっています。**科学の定義**もあいまいなところがあります。困難なのは，経営が人の営みの一つであることです。つまり，**人を定義**する必要があることです。そして，一貫した，客観的で必然的な説明が必要になるからです。今後議論すべきは，経営ではなく**経済の定義**だ。論理的には，企業の維持発展という人の活動から経済活動をひき去ると，経営がみえてくる，というものです。経済を，ここでも，個と個の便益の交換とし，これに当たらない部分を**経営ととらえる**ことにします。

（2）狭義の経営を説明するためのいくつかの定義

　人は何か ：経営とは企業の維持発展を行うこと，としてきました。つまり，企業を組み立てている人の行動を設計していくことです。人とはさまざまな側面をもつが，人の行動に焦点を当てる必要があることになります。なぜここで

しなくてはいけないのかの理由は，個優先型と全体優先型が，相互作用によって形成され続けている事実があるからです。この2つは，人の行動を形成する緊張のもとになる2つを意味しているので，必然的に，人に備わっているものと断定できます。したがって，標準型といわれる個優先型は，作られたものに過ぎないため，ウェーバーの方法論的個人主義は恣意的な理論と結論付けできます。つまり，これまで人はある程度までしか研究されていなかった，ということになります。

さて，改めて人を行動に着目して定義します[6]。すると人は，**緊張を緩和することを必然とする生き物の一つであり，同様に，他者とのかかわりをもつことを必然とし，そこで生じる緊張を緩和する生き物，いうことができます。**ここでは人の行動を緊張の緩和によって生じるものと，とします。

そして，このかかわりは，繰り返しが生じた場合，我々意識を生じさせます。つまり，必然的に，人間は，私という意識以外に，我々という意識が生じる可能性があることがわかります。

1）行動とは何か

行動もさまざまな意味が付与されているでしょう。ここでは，バーナードの定義と，レヴィンの定義を利用します。バーナードは行動を合理的な判断で生じる意思決定だと考えました。サイモンは，個の合理性を単純に個人合理性だけで用いたが，バーナードは会社の業績を担う非公式組織に寄り添っていたと思われ，組織的合理性を加味しています。公式組織は，共通目的，即ち組織合理的視点から見た会社の目的を，自己目的化させることが経営者の役割だと論じています。集団の環境が変わると分業も変わる場合があります。環境による目的変化から，自分がすべきことを集団内で調整し決めていく，ということです。個を優先させながら，全体を尊重することです。

日米の会社の制度を比較したとき，個優先型と全体優先型の違いがありました。このことを考慮すると，米国では，利己的な判断，即ち自分のもつ価値にアクセスして物を決め，日本の場合では，状況や集団の価値にアクセスして物を決めている，となるでしょう。このように，行動は緊張の緩和であるが，緩

和方法は意思決定であり，意思決定は価値参照を伴っている，といえます。レ
ヴィンの行動を「ベクトル：力と方向」を用いて説明しています[7]が，これ
を利用し，ここでは，「緊張緩和の力と参照価値の方向」と表現します。行動は，
決定価値を決める価値に参照して生じます。したがって，個優先と全体優先で
は，価値参照において，外部価値参照と，自己価値参照に分けられます。

2）人のかかわりとは何か

　人の不完全さを補う等の工夫等で生じた人の相互作用や，そこで生じた集団
（必然的）で生じる人と人の相互作用のことです。一定の期間の相互作用で，必
然的に我々意識が生じます。長い人間の歴史を見ると，我々を優先するところ
と，私を優先するところに二分されています。歴史の知識からすると，かつて
ほとんど前者でしたが，現在は日本だけのようです。私たちは，どこの国であ
ろうとも，法に基づいた経済活動，すなわち，人のかかわりを必要とします。
個を優先する世界では，法は個を優先し，個と個の便益の交換，を強調し，優
先します。全体を優先する世界では，法は全体を優先し，日本的な社会におけ
る便益の交換，を強調し，優先しているといえます。

　会社などの働く場でのかかわり方は，米国では，随意契約[8]で，個と個の
交換関係を意味しますが，日本では所属契約で，会社を背負い込もうとする（大
平 1996）ため，会社と一体化しやすく，逆に，やめにくくなります。所属と一
体化することで行動の価値を手に入れ，それに大きな不満がない場合，価値を
手放すことは自分を失うことになるため，所属喪失は脅威でしょう。かつて，
「勝手にしろ」「私は知らん」と上司からいわれたら，社員はおとなしくなりま
した。解雇はないものの，居場所[9]を失うことになるからです。所属型の場合，
上司は居場所の上司でもあるからです。

3）科学とは何か

　科学という言葉は外来語です。しかし，きちんとした定義がないまま当たり
前のように我々は使っているように感じます。経営学が何かを説明する場合，
必要となる言葉と感じます。外来語である「科学」もまた，何らかのバイアス
がかかっている，と考える必要があります。しかし，十分な知識をもっていな

いので，十分な判断ができません。そこで，「科学」を，ここでは「研究対象の，客観的で必然的な，存在の根拠を，見出すこと」，としておきます。しかし，明確な点があります。それはこの研究対象が，人の緊張を緩和するために存在する，とします。すると，次のように定義できます。「科学とは，研究対象の，存在の根拠を，客観的に必然的に，見出すという，緊張緩和のための道具である」。

4）社会とは何か

「科学」同様に，「社会」も外来語です。ところが私見ですが，きわめて面白い，言葉です。それは，日米で，まったく意味が違っている，ということです。「社会」は，「私」を強調した場合と「我々」を強調した場合では，異なってきます。我々を強調する場合，自分が属している全体を指す場合が多いです。それは，家族，仲間，職場，集落，地域，国家などです。これらは，我々意識の拡張ともいえそうです。それは，わが家，我々，わが社，わが村，わが国，などと表現しているからです。現在の日本の場合，制度的には米国と同じ民主主義で民主憲法をもっていて私の強調型のはずですが，現実的には真逆の「我々」に従って行動しています。たとえば，その証拠は，我々は，「社会に出る，社会の一員」といった言葉の使い方をし，自分たちの含まれる入れ物を表現し，私が含まれる重要な存在と感じています。

私を強調する場合，社会は存在せず，社会的関係だけが存在します。これはウェーバーの方法論的個人主義で，社会学の基本であるため，広く理論解釈の基本になっており，個と個の便益の交換という経済活動とも一致します。

しかし，我々意識は，強調されなくてもだれにでも存在するものです。すなわち，人は，私を守る緊張と，我々を守ろうとする緊張の２つを同時にもっている，ということです。**原型は，人と人のかかわり，としておきたいと思います。**

5）社会科学とは何か

先に科学について定義しましたが，そこでは，人と人のかかわりで生じる緊張の解決を目指したもの，という性格をもっていることを強調しておきます。そこで，どのような人と人のかかわりが生む緊張があるか考える必要があります。そこで，まず考えるべき緊張は**生存への緊張**で，その工夫として生じた便

益の交換，すなわち経済とここでは考えておきます。この交換の緊張を緩和するため法律が必要になり，法律を執行するために行政が必要になる，といった派生が必然的と思われます。

6) 会社（企業）とは

会社の定義は，経営を定義する際に必要となります。会社は，わが国において，法的に規定された言葉のため，ここでは，企業と同様の意味をもたせながらも，会社という言葉を用います。さらに，法的な規定は会社を「法人格」とみなし，自律的個人と同じとみなします。このため，会社を用いることになります。次に，中身についていえば，事業を行い利益を上げるものといえます。そこで，「会社とは，事業を行い，営利（利益）を上げることを目的とした法人」，といえます。

なお，よく似た言葉の「企業」は法令で定められた用語ではありませんが，日常生活の中で使われる一般的な用語のため，同じように用いても問題はないと思います。

さらに付け加えると，人の集団を利用している，ということです。したがって，最終的な定義は，次のようになります。**会社とは，人が目的を達成する道具として設立し，仕事を分割した集団を利用し，事業を展開し，利益を上げる，法人格をもった，人の工夫**，というものです。

7) 組織とは何か

米国などの標準国では，職務が限定され，契約という交換を行っているため，自分の契約した仕事をすることは個人目的に属していますが，職務の全体の環境が変化した場合，それに適合させないと維持できないため会社にとっては，個々人の職務を変更する必要があります。バーナードはこの職務の全体を組織と述べています。したがって，組織を「契約の束」と表現することもでき，経済活動そのものといえます。原型はどのようになるでしょうか。

会社は交換の効率が良いので用いられてきていると思われます。つまり，会社は経済効率が良いため，道具として利用され，そのために人が集められ，目的が細分化され分業され作られてきました。組織とは，会社の目的の，分業さ

表6-1　緊張緩和

個優先	原型	全体優先
人		
	緊張緩和（必然）と， 他者との相互作用（必然）と， 相互作用で我々意識形成（必然）	
行動		
個を優先させる場合， 個々の価値観に基づき，利己的に， 個人合理的に，個人的機会主義的に， 緊張を緩和する。	価値参照し緊張を緩和する 緊張の力と参照価値の方向で生じる	全体を優先させる場合， 状況などの価値観に基づき， 全体合理的，全体機会主義的に， 緊張を緩和する。
人のかかわり		
個と個の便益の交換	法に基づいた経済活動，即ち，人 のかかわりを必要とする	社会における便益の交換
仕事の場で，米国では，随意契約[8]， 職務契約で，個と個の交換関係	集団を形成し，人のかかわりの中で， 仕事をする	
科学		
	科学とは，研究対象の，存在の根拠を， 客観的に必然的に，見出すという， 緊張緩和のための道具である。	
社会		
自律個人の他とのかかわり ＝社会的行為 ＝個人の自律した行為	人と人のかかわり ←＝「人」と人の関わり ＝「我々」意識発生　→	我々が先の人と人のかかわり ＝我々社会の中の行為 ＝我々社会の中での自立行為
社会科学		
個優先	緊張を生じる人と人のかかわり	全体優先
(1) 個と個の便益の交換 (2) 自律的主張可能な個人を守る法 (3) 教育は個の促進	(1) 生活での交換＝経済 (2) 交換の安定化＝法 (3) 法の履行	(1) 社会の中での便益の交換 (2) 全体，社会を守る法 (3) 全体，社会を守る
会社の意味		
	人が目的を達成する道具 分業する人々の集団 法人格を持つ 事業で利益を上げる	
会社と個人の関係		
仕事の職務契約先 　＝個人と会社は契約関係 （会社）　　（個人） □　　○職務契約	（会社）　　（個人） □　　○	属性獲得欲求と，所属契約 　＝属性（会社）と一体化関係 （会社）　　（個人） □⌒○（抑制私） 「私・個人」が抑制され， 属性に誘導され，一体化 がおこる

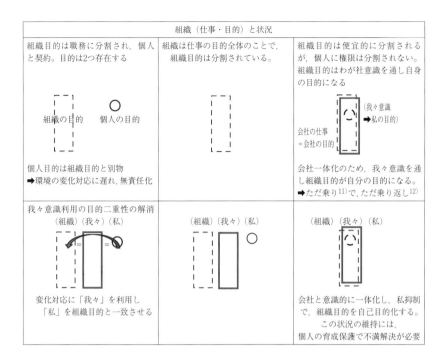

れた全体で，会社を仕事の目的と手段としてとらえた場合の一つの表現といえます。

　全体優先の場合，会社で細分化された目的の全体のことです。会社を通した相互作用で生じた我々意思が重なり，組織は我々が重なりやすく，一体化されやすい性質をもちます。この意味で，標準国とわが国ではまったく違うようにみえるものとなります。

📖 **宿　題**

働く場合，アットウィル（At Will）の世界で働くことを想定し，その場合，どのような心的，技術的準備が必要か考えてください（これは，外資企業での働き方であるため，現実の就職先を選択する際に役に立ちます）。また，あなたはこうした働き方を選択しますか？　するＡ　　しないＢ

第2節 狭義の経営の定義

1. 経営を定義する

　広義の経営は，会社の維持発展，と定義しました。ここでの会社とは，人が目的を達成する道具として設立し，仕事を分割した集団を利用し，事業を展開し，利益を上げる，法人格をもった，人の工夫，と定義しました。表面的にみると，ほとんどが，個人と個人の便益の交換で，経済活動ができています。

　ところが，これまで，経営学のとらえ方は，「経営学総論」という科目やテキストに見られ，広義の定義にあるように，企業に関係する理論をひとまとめにしたものや，企業活動に影響を与える要素をまとめたものを用いていました。これらは研究の領域を示してはいますが，経営そのものが何かを示す研究ではありませんでした。

　ここでは，目的を細分化し1か所に人を集め分業をさせる企業活動は，環境を競争などを通し変化させ，目的の二重性と非公式組織の離反性という緊張を必然的に生じさせた，と理解し，経済活動から生じた緊張であると理解しました。したがって，経営もまた社会科学の一つ，と断定できます。

　この緊張を緩和させるため，経営組織論や近代経営学（バーナード理論）が米国で誕生しました。これらは，すでにみたように個優先全体抑制から個優先全体尊重への変更の必要性を示しています。こうした企業活動がわが国にも同様に存在すると仮定した場合，日本では，全体優先行動をとるので，個抑制が生じるため，個を守り育てる経営が効果をもたらす，すなわち全体優先個尊重型と類推することができます。こうした，個を守る経営を重視し成功している会社は，特別講義の「地域経営者に学ぶ」で登場する多くの経営者の会社で，彼らの口から個を守ることの重要性を聞くことができました。したがって，経営とは，世界共通で考えると，企業の維持運営に際し，一方優先他方尊重の判断を行うこと，ということができ，緊張緩和の観点からも妥当であると考えられます。

　ここまで，行動をベクトルと理解し，力と方向があって生じるものと理解し

ました。すなわち，力としての緊張と方向としての参照価値，が揃うと緩和する，という考えです。揃わなければ，緊張は緩和されず，大きな不満となってしまいます。

　そして，日米の経営の違いは，この価値参照で説明ができると考えました。日本は全体優先で米国は個優先とし，日本では全体状況にアクセスして方向を決め，米国では，個人の価値観にアクセスして方向を決める，と理解し，そのような相互作用を見出し，理論の証明を行ってきました。米国の場合，テイラー，ファヨール，ホーソン実験などは，個と個の便益の交換を行っており，合理性は個人一つであるため，会社の環境が変化した場合，契約の変更に時間を要したため，この問題の解決が期待されました。これに応えたバーナードは個人目的を組織目的と一致させる可能性が集団には存在していることを見出し，それを利用し，目的二重性を克服しました。それとは，非公式組織です。我々はこれをレヴィンの我々意識と理解し，目的二重性の解消として，職場の相互作用で生じる我々意識を利用し，会社目的を我々目的と認識するようにし，解決することができると述べています。この2つの欲求は人間ならば必ずもつものと断定した場合，日本の経営を理解する基準になります。わが国が全体優先で個抑制である場合，これを解消しようとするのが経営ということができるようになります。また，善し悪しの価値観を加えることもできるようになります。わが国の場合，会社の従業員へのただ乗りは経営の課題なのです。従業員に挑戦させ，失敗をさせ，成長をさせるという，個を守る行動をとる会社は，生産性が上がる可能性があり，よい会社ということができます。

　緊張緩和を基礎にベクトルとして行動を理解した場合，経営の原型は，一方優先他方抑制の状態を，一方優先他方尊重の状態にすることと，科学的に述べることができます。そのうえで，米国型は個人優先全体尊重の状態にすること，日本型は，全体優先個尊重型の状態にすることだと，いうことができます。

　少なくとも経営学では，科学的な研究が見当たりませんでした。これと関係するかどうかわかりませんが，政策的には，真逆の米国型の経営を持ち込もうとし，その結果，大きな混乱を招いているように感じます。少なくともいえる

ことは，米国にみられる個優先全体抑制型のマネジメントは，個をのみ基準にするため，経済学の一部に過ぎないということ，同じく米国に見られる個優先全体尊重型のマネジメントでは「私」以外に「我々」が行動の基準になるため，経済活動の定義とは異なり，初めて経済学とは異なるものといえる，ということです。

2. 文化とは

最後に文化とは何か：さまざまに意味づけられ，用いられている用語です。ここでは，次のように考え定義します。文化を，集団の人の行動が長期間一致している状態，と考えます。さらに，ではなぜ長期間一致した行動が生じるのか，この課題を解くことは，わが国にとって重大です。なぜ民主化したはずなのにそうならないのか，に向き合う必要があるからです。もちろんそれ以前に，ほとんどの研究者が，ウェーバーに横並びするのでしょうか，我々はこの問題を超えていかなければいけません。答えは，すでに取り上げたメカニズムがあるからです。必然的な循環系のことです。このメカニズムは，人の緊張緩和行動を前提に，1つの生物的特徴と，3つの必然的相互作用から生じています。生物的特徴は，子供が成長し大人になることです。3つの必然的相互作用とは，

表6-2　経営と文化の扱い

経　営 ＝社会科学の一つ ＝工夫の一つ		
(4) マネジメントの課題[13] 1) ①変化環境への即応不能 　　②非公式組織の組織離反性	(4) 会社の維持発展＝経営 1) ①目的二重性 　　②非公式組織問題 　　③そのほか	(4) 広義は企業維持運営の課題 1) ①②二重性回避＝私意識抑制，逆促進 　　③会社による依存者のただ乗り ＝ノルマ制(MBOなど)[14] ＝全体優先で，法的個人主義下で，経営者は，不整合を利用し，結果的に従業員を裏切り，ただ乗りすることになる ＝ただ乗り返し➡生産性の低下
2) 全体抑制への不安 　➡全体尊重型	2) 他方抑制と生じる課題 　➡他方尊重で解決	2) 個抑制への不安 　➡個尊重型

経営：課題解決（他方尊重）		
狭義経営＝個優先全体尊重 ＝全体尊重：制度的意識変更型 全体意識利用で一体化，チーム 制度利用 ①近代経営学：バーナード15) 　（公式と非公式の一致）16) ②組織論・組織行動論（チーム 　制度等）	狭義経営＝会社の維持発展の活動の 中で，一方優先他方尊重，を行うこ と	狭義経営＝全体優先個尊重 ＝全体優先個尊重型へ変更 ＝個尊重：管理者経営者による保護 ：管理経営者の育成 ①現場での課題解決型，提案型経営 ②中小企業経営者の伝承

文　　化		
	人の行動が長期間一致している状態17) 長期間一致する，必然的循環系の存在 1つの生物的特徴＝成長 3つの必然的な相互作用	
第1に，判断機会付与 第2に，自己価値参照強化 第3に，組織に求められる対応	第1に養育者が養育で判断価値の与奪 第2に子供は他の大人と相互作用 ＝参照価値への誘導とその確認・強化 第3に仕事集団にかかわりを強調	第1に，判断機会はく奪 第2に，状況参照強化 　＋属性欲求の形成 第3に，組織に求められる対応

第1に養育者が乳・幼児を養育することです。多くの生物同様大人はパートナー
をみつけ子供を産み育てる本能をもっています。第2に子供は何らかの集団に
属するため相互作用を避けられません。第3に大人になり，何らかの仕事集団
にかかわりをもつことも多くの場合に生命維持のために必要なこととなります。
このうち，第1で，判断機会の与奪を通し，標準型と日本型が形成されます。
第2で，形成されたものは，挨拶などで強化されます。そして，集団で求めら
れる相互作用を第3で行います。わが国が標準化12) しなかった理由は，メカ

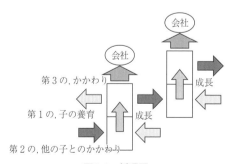

図6-1　循環図
出所）大平義隆（2010）（2017）をもとにした。

ニズムを念頭に置くことで，解明できるものと期待します。

📖 宿　　題

MBO，目標による管理，とはいかなるものか，調べて，わかりやすく，説明
してください。

注

1) サイモンの合理性：経営人仮説で限定合理性のことです。アダム・スミスの
全知全能を否定してはいますが，個人合理性，利己性，機会主義性は変わりま
せん。ここでは，個と個の便益の交換を経済活動と考えていますので，サイモ
ンのこの考えは経済活動を述べていると考え，バーナードとは違うと思われます。
そしてまた，ウェーバーの方法論的個人主義と同じです。

2) 集団主義の考えは，日本以外の国にもある，と言われ，議論が終わってしま
います。議論そのものにバイアスがかかっている，ということです。このこと
がわからなければ，科学は始まりません。

3) 世界のメカニズムは，緊張緩和と必然性で，ある程度想定することができます。

4) 標準型である個優先型と，わが国のような全体優先型に分かれています。規
制改革会議 (2013) 雇用ワーキング・グループ報告書，内閣府。

5) マネジメントジャングル。かつてクーンツがマネジメントに関する議論を整
理して述べた言葉。喬晋建 (2013)「経営理論のジャングル：クーンツ＆オドン
ネルの所説を中心に」『産業経営研究』32，熊本学園大学付属産業経営研究所，
を参考にしました。

6) この定義は，ここでの議論の範囲でのみ正しいと思われる定義に過ぎません。

7) Lewin, K. (1936). *Principles of topological psychology*. (F. Heider & G. M.
Heider, Trans.), McGraw-Hill.

8) 随意契約，アットウィル雇用：どちらからでも自由に解約できるという雇用
契約。米国でほとんどが随意雇用（独立行政法人労働政策研究・研修機構
(2015)『日本労働研究雑誌』No659)。

9) 居場所とは，会社では，仕事を任され皆と働く場のことです。部下にどんな
仕事を任せるかは，多くの場合上司次第です。昇級には，さまざまな経験が必
要で，この経験を積ませるかどうかは上司の判断で決まります。

10) ただ乗り：フリーライドとは，個優先世界（全体が個の集合からなる世界）の
話で，それぞれ努力すべきところを，自分だけ義務を果たさないこと，をいい
ます。ここでは，全体優先世界（全体の中でそれぞれの役割がある世界）の話で，
違う意味になります。経営者に依存し従う行動をとる社会的仕組みがあり，経

営者が個人を守ること，または，適切な結果配分が期待されます。つまり，上司は部下を守る責任がある，ということです。ただ乗りは，この仕組みだけ利用し，上司が義務を果たさない場合のことです。この仕組みは封建遺制であると思われるため，民主的な法制度の下では存在しないことになっています。したがって，経営者はただ乗りしても，罪には問われません。「過労死したのは，部下が勝手にやったことだ」，という文句です。これは，第二次世界大戦中の特別攻撃隊への志願で，軍事裁判では，上官は「部下個々の意思に従って攻撃しました。私は命令していない」と述べているのと同じです。被告についた米国の弁護士の行動，判事の判断は，上官を「ただ乗り」にしていきます。最近では，東芝の会長が部下に不正をチャレンジと言ってやらせていたと問われたが，彼は「部下が勝手にやったことで，私は命令していない」という同じ言葉を使っています。(『日本経済新聞』2015年7月22日の記事「東芝トップ，一線越える，第三者委調査報告，3氏の発言，克明に」によると，東芝の不適切会計問題で，田中久雄社長，佐々木則夫副会長，西田厚聰相談役の3人が引責辞任したそうです。この記事では，第三者委員会の調査報告書には，3人が，「現場の奮起を促す」のではなく，「利益のかさ上げや損失計上の先送り」などの不正な支持をしていたこと，が克明に記載されている，と報じています)。

　ただ乗りの別の側面は，全体優先です，俗にいう「しっぽ切り」です。全体を生き残らせるために，部下が当然のこととして犠牲になる，ということです。ある商社に勤めていた友人が，ココム違反を行い露見し検挙されました。彼は，検事に「上司に言われたのでしょう？」と問われても，最後まで自分がやったと言い張り，罪をかぶったそうです。その後会社からみかえりはあったか尋ねたら，そんなものはなかったし，自分は会社を辞め教員になりました，と話していました。かつてゼネコンは，談合を行い，新聞紙面をにぎわせていました。そこでは，本社ではなく支店で，支店長ではなく副支店長が，本社で関与するのは社長ではなく副社長だった。制度的に表裏の二重構造を作り，発覚した場合，表の社長が心から知らなかったと謝ることができるようにしたり，組織的関与と認定されないようにし，会社を生き残らせようとしていたようです。

11）ただ乗り返し：上司や会社が責任を取ってくれない，梯子が外されるとわかると，即ち，部下は上司に，または会社に裏切られたと思うと，ただちに，ただ乗り返しに出ます。ただ乗り返しとは，うかうか乗せられてはいない，ということだ。日本の会社は，随意契約ではなく勝手にやめさえることができないことを利用し，懲戒にかからないように，無能を装うことだ。権利だけを主張し，会社にただ乗りすることです。中小企業でも，部下が仕事をしない，という話を聞きますが，一つの原因が「ただ乗り返し」かもしれない。いわれたことしかしない，というのもこうしたことが原因でしょう。

　会社の日本的な成長は，人を入れ替えて成長するのではなく，やめていかない仲間として採用し，皆で本人にやる気を出させ成長させていく方法です。こ

れができないところは，うまく成長しません。

　ただ乗り返しの場合，本人の能力は低下する恐れがあります。日本のような全体優先社会では，家庭では親が，学校では教師が，本人の代わりに判断を代行しています。こうした代行は，米国ではお節介として嫌われますが，全体優先の国では，面倒見がよい，世話好き，と良いイメージでとらえられることが多い。これらは，行き過ぎると過保護と呼ばれ，本人の成長を妨げてしまうだろう。厄介なのは，親や教師は，よい評価を得るために積極的に判断機会を奪い，子供や生徒は，自分で決定しなくてよいので，自分の成長機会を積極的に放棄している，ということになります。こうした知識は，万民に必要です。

12) そもそもわが国は標準化しておらず，全体優先であることと自律的思考ができないこと，この結果，異なる制度をもつことにより生じる人権侵害（たとえば上記した「ただ乗り」）が起きていること，これらが十分認識されることが第一です。

13) マネジメント：テイラーからホーソンまでのマネジメントをさしています。

14) ノルマとは，強制的な作業目標をさしています。MBO，即ち目標管理は，ノルマと思われる場合があります。そもそも目標管理は，真逆の性格をもっています。日本人が知らずに使い失敗した1つだと思われます。目標管理は，自己決定を望む国での人が，自己決定が抑えられている職務にいる場合，自己決定機会を与えることで，動機づけを行うことができる，という職務再設計理論の1つです。日本の実際は，職務給制度ではないので，そもそも自己決定を与えることができないし，自己決定は相互抑制をしているので，動機づけにはならない。したがって，指導係との間で，目標を決められるという受動的な決め方になり，作業目標は強制的に降ってくるものになります。効果は真逆で，生産性は低下するはずです。にもかかわらず，成果を望む場合，指導員に大きな緊張が生じ，さらに悲惨なことになります。この結果はだれの責任かというと，経営を科学してこれなかった経営学者の責任だと思われます。

15) 近代経営学は，わが国ではバーナードサイモン理論として紹介されることが多いです。しかし，ここでは，サイモンは経営ではなく経済学者としてとらえています。サイモンのいう意思決定人は個人の行動をより合理的にしたにすぎず，個と個の便益の交換という経済活動の中にあるためです。したがって，サイモン以降の新制度派経済学は，その名の通り経済学で，個の合理的行動だけの個優先全体抑制モデルとなっています。バーナードは，個の合理性と全体の合理性の同時調和の，個優先全体尊重モデルになっているからです。サイモンの言う合理性は，一般性のある合理性ではなく，個人合理性のことです。サイモンの合理性は，ウェーバーのそれと同じで，経済活動の主体である個人のことです。ところがバーナードは，均衡理論で個人的合理性を上げ，機会主義の説明では組織的合理性を述べている。したがってサイモンは経済学で，バーナードはそうではない，といえます。

16) バーナードの命題：従業員に対し，公式組織と非公式組織を一致させることで，私と我々，個と全体維持への欲求を同時に満たすことで，集団は安定する，という考え，このことは，チーム制度における全体と個の一致と同じものです。

17) レヴィンは，パーソナリティは，ドイツと米国では違っている，と述べています。(K. レヴィン著　末永俊郎訳 (1954)『社会的葛藤の解決』東京創元社)。

参考文献

犬飼裕一 (2008)「方法論的個人主義の行方1：マックス・ウェーバーが敷いた路線の行き着くところ」『学園論集』136号。

大平義隆 (1996)「囲い込みと背負い込み」『工業経営研究』10号，工業経営研究学会。

大平義隆 (2006)「我が国組織の人間モデルと意思決定における参照行動の検討」『変革期の組織マネジメント―理論と実践―』同文館。

大平義隆 (2010)「日本企業差異理解の雨の社会的調和の視点―差異を形成することとなる価値参照行動―」『工業経営における人・組織と技術』学文社。

大平義隆 (2017)「我が国工業部門の経営管理における文化差の解釈」『変革期のモノづくり革新　工業経営研究の課題』中央経済社。

奥野明子 (1996)「日本における目標管理の現状と課題」『経営研究』第47巻第1号。

サイモン，H. A. 著　松田武彦他訳 (1965)『経営行動』ダイヤモンド社。

テイラー，F. W. 著　上野陽一訳 (1969)『科学的管理法』産業能率短期大学出版部。

中村悦子，瀬賀裕子 (2007)「標管理の効果的運用―管理機能としてのモチベーション―」『新潟青陵大学紀要』第7号。

バーナード，C. I. 著　山本安次郎他訳 (1968)『新訳　経営者の役割』ダイヤモンド社。

福永文美夫 (1992)「バーナード・サイモン理論におけるリーダーシップとオーソリティ」『經濟學研究』第58巻2号。

真野　脩 (1990)「バーナードとサイモンの組織均衡論：サイモンの誤謬」『經濟學研究』第39巻4号。

森口毅彦 (2012)「わが国企業における戦略マネジメント・システムと目標管理制度の機能」『富大経済論集』第57巻第3号。

三戸　公 (1987)「『バーナード・サイモン理論』批判」『立教経済学研究』第40巻第4号。

レヴィン，K. 著　末永俊郎訳 (1954)『社会的葛藤の解決』東京創元社。

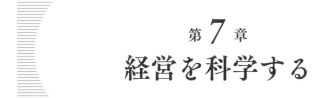

第**7**章

経営を科学する

　本書の全体の流れを振り返り，まとめておきます。それは，現実を科学的に取り扱うこの本の独特な部分を強調し理解を求めるためです。

　このまとめでは，2つのことを取り上げます。一つは，本書で取り扱われている「経営」を取り巻く現実の新たな解釈，すなわち必然から導かれた多くの仮説を明確にすることです。2つ目は，仮説の説明方法です。それは，必然的な相互作用の観点からのものと，必然的な相互作用の循環の観点からのものとを見出すことです。

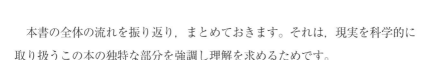

▌第1節　本書の考え方

1. 行動の考え方

　本書では，人間の行動を「緊張緩和」に還元して，本全体を設計しています。人間の緊張緩和行動は相互作用につながり，レヴィンのいう「我々意識」を伴うと考えます。つまり人間は，「私（個）」以外に，「我々（全体）」意識をもち，必然的に，従来唯一取り扱われてきた個人の欲求以外に，我々維持の欲求を形成することになります。すると，必然的に個と全体の意識は対立します。それは，2つの欲求が同時に存在することから，どちらか一方を優先した方を抑制することになるでしょう。一方の優先の影響は，欲求と行為と意思決定等を規定することが予想されます。制度，文化，考え方，等が生じます。したがって，欲求は，相互作用で生じる「後天的」な創造物といえます。重要なことは，他方抑制の結果，不満，不安が必然的に発生することです。

2. 科学の考え方

　本書では，科学は行動から定義できると考えます。すなわち，人間の行動は緊張緩和ですから，科学も人間の作った緊張緩和の道具・方法と，おおまかに定義します。このことは，社会科学の定義につながります。社会科学とは，社会（人間の相互作用）の課題解決道具・方法となります。こうした課題を，人間の緊張緩和の基本を生命維持とするために行われる経済活動から考え，そこで連鎖的に生じる課題を送致すると，すでにある法律，行政，政治，教育，経営などが想定できます。最後の経営（広義）ですが，意味はさまざまです。そこで本書では「会社の維持運営」とします。それは，経験的に，国内的にも対外的にも差しさわりがないからです。

3. Management（＝広義の経営）の課題を考える

　この Management も経営同様で，本書では「会社の維持運営」とすることができると考えます。この Management は，経済活動の工夫です。この経済活動は，古典理論，新古典理論，新制度派を通して「利己的な個と個の便益の交換」としています。ですから，会社は，「他者を集団的に利用した会社目的の達成手段」，ということになります。

　Management で仕事にかかわる科学的管理では，仕事の細分化と標準化により量産化を可能にし，現代の職務給制度に基礎を作りましたが，仕事の限定から，目的二重性（会社目的と個人目的の分離）があることから，状況が変化し仕事内容に変更の必要が生じたときには，限定範囲変更に再契約が必要となり時間を要し，大きな課題になったと予想されます。次に，他者を集団として利用したことにより，必然的に非公式組織が生じますが，ホーソン実験では，その非公式組織の離反性が大きな問題とされました。これまで取り扱われたことはないように思われますが，会社の維持運営には，この2つの課題が存在していた，と考えます。

4．Management（＝広義の経営）の課題解決（＝狭義の経営）の考え方

　Management の2つの課題を克服したのはバーナードです。克服できた状態を公式組織と表現しました。彼は，経営者として部下を持ち，会社の目的を達成すべき位置にいました。そこで，環境変化への自律的対応の可能性を，非公式組織の中に見出したのだと思われます。彼は，会社目的を我々意識を利用し個々の目的と一体化させることが，経営者には可能だと考えたようです。会社目的と一体化した行為は，明らかに非利己的な行為です。個優先でありながら，全体を尊重する状況を設計することで，経営者は個人の二欲求を充足することができる，というものです。

5．日本との違いの考え方

　本書では，第4章で，日本人の行動の価値の参照先が標準的ではないことを，説明しています。これは，日本人の参照先が大きく違っていることの認識がなされないからです。

　日本は第二次世界大戦で敗戦し，米国を中心とする連合国に占領されました。そして連合国の政策でわが国は民主国家化されることになりました。ところが，法的にも政治制度的にも，わが国は民主化したにもかかわらず，行動の個優先と自律化を抑制する教育が残存してしまいます。会社の制度の比較でも，全体優先のわが国と個優先の米国の差がはっきりとしていました。これを裏付けるように，全体優先と個優先行動を形成し続ける循環的メカニズムが両国にみられたのです。すると，経営はどうでしょう。バーナードの示した「個優先全体尊重」，すなわち狭義の経営は，全体優先国家の場合，「全体優先個尊重」になるのではないかと思われますし，経験的にも妥当しています。

　しかしながら，日本の経営は戦後の経済発展に伴い注目され海外から研究されたように思われます。わが国の日本研究は，主にこうした海外からの研究と同じ視線で行われたと思われます。私を含めて社会科学の研究者自身が「横並び」していたのでしょう。

6. 日本の社会科学者の今後の考え方

　2019年から始まった「働き方改革」は，雇用の流動性を高めることやジョブ型雇用を促進することなどを含めているので，米国化を求めています。ところが，循環的なメカニズムは大きく変わっているようには思えません。すると，強メカニズムと個優先で，ねじれがさらに進行，深化してしまいそうです。そこでは，信用の喪失，社会の不安定化が進み，経営者の従業員の利用という「ただ乗り」がふえ，「ただ乗り返し」が増加するのではないでしょうか。したがって，現代の社会科学者はこのねじれをただす研究を行う必要がありそうです。少なくとも，こうした現実を示すことは，研究者の重大な仕事だと思います。

▌ 第2節　仮説の設計

1. 仮説の設計1

　仮説設計の工夫の一つは，人間の必然的行動が存在し，この共通概念に対し，個優先と全体優先の場合を想定し，それに合致する相互作用を探索します。それが見つかると，その仮説は信頼度の高いものとなります。

　個優先と全体優先の分離は，個と全体が同時に存在することから生じる，と思われます。さらに，安定させるためには他方を抑制する，と思われます。

　そこで，該当する相互作用を探します。すると，全体抑制は，たとえば，結果としての官僚制の逆機能にみることができると思います。個抑制の場合は，たとえば，「利己的，我儘，自分勝手」等を悪い言葉としてとらえている，な

表7-1　仮説の設計1-1

個優先	共通性（行動の必然性）	全体優先
私・個優先 全体抑制：官僚制の逆機能 全体尊重：我々意識利用で一体化	人の行動は緊張緩和 緊張緩和から相互作用 相互作用から我々意識 私・個と我々・全体の同時存在 私・個と我々・全体の対立 ＝一方優先他方抑制 ＝他方抑制への対応	我々・全体優先 個抑制：「我儘」否定 個尊重：個を裏切らない

どです。また，抑制への対応は，全体尊重の場合，バーナードの命題にみられる「我々意識を利用した会社目的と自己目的との一体化」です。個尊重の場合は，「一体化している従業員を裏切らない」ことで，中小企業家の伝承の中にみられるものがそれにあたります。

　もう一つ，会社の中の必然的な存在の理解です。全体優先の場合，個人と会社の関係は，会社に一体化しようとしますが，個優先の場合，まったく逆になり，一体化を避けようとします。次に，会社との関係を客観化する方法としての契約をみると，全体優先の場合，所属契約となり，仕事すべてを背負い込みます。他方，個優先の場合，職務契約が存在しています。これらは，全体優先と個優先に一致するものであると思われ，この仮説の信頼性を高めるものと思われます。研究者のこうした存在の理解は，他の研究者の理論を評価する基準になるので，きわめて重要なものといえます。

表7-2　仮説の設計1-2

個優先	共通性（会社の必然性）	全体優先
一体化を避けようとする 職務契約	会社の利用 個人と会社の関係ができる 契約がされる	会社に一体化しようとする 所属契約

2.　仮説の設計2

　仮説設定の工夫の2つ目は，仮説を安定させる為の工夫となります。個優先と全体優先の長期的な安定的形成メカニズムを探し当てる必要がある，と考えましょう。そこで，ここでは，横と縦の2つを仮定し，その存在を確かめていきました。

　行動の継続は，個々の同一の判断では説明が難しいでしょう。相互作用の連鎖があると考えてみましょう。役に立つのが緊張緩和です。

　連続は，人間が成長すること，成長して家庭をもつ，ということが長い人類の歴史の中で行われてきたことから説明ができるでしょう。では肝心の中身の連続は，次のようになるでしょう。大人が自律している場合自分の時間を大切

にすると考えましょう。すると，子供を子供部屋に移す時期が早まります。親
は子供に早く自律して手がかからなくなってほしいと考えるかもしれません。
子供部屋に置かれた子供は自分で考える機会が与えられたと考えることができ，
ループになります。他方，自律しない場合は属性が必要になると考えましょう。
親，上司，先輩，などなどは，子や部下や後輩の面倒をみる責任を感じてきま
した。面倒を見るということは，考える機会を奪うことになると考えられます。
こちらもこうしてループしていきます。この2つのメカニズムは，ある程度必
然であり，経験的に説明ができるので，仮説の信頼度を上げることができます。
興味をもって，研究者の道に進む人が増えることを祈っています。

索　引

著者プロフィール

大平　義隆（おおひら　よしたか）

1956年7月15日神奈川県葉山町生まれ

（主な学歴）

1981年　早稲田大学社会科学部社会科学科卒業

1987年　早稲田大学大学院商学研究科博士課程前期課程修了

1992年　専修大学大学院経営学研究科博士後期課程退学

（主な職歴）

1992年　信州短期大学専任講師・助教授（1998年まで）

1998年　新潟経営大学助教授（2003年まで）

2003年　北海学園大学経営学部教授（現在まで）

2004年　北海学園大学大学院経営学研究科教授（現在まで）

（主な学会）

工業経営研究学会：現理事長，経営哲学学会：元会長，日本マネジメント学会：現理事，経営行動研究学会：現理事，日本経営学会：元理事

（主な著書）

『変革期のモノづくり革新―工業経営研究の課題―』共著，中央経済社，2017年。

『新現代経営学』編著，学文社，2016年。

『経営哲学の授業』共著，PHP研究所，2012年。

『工業経営における人・組織と技術』共著，学文社，2010年。

『ステークホルダーの経営学―開かれた社会の到来―』共著，中央経済社，2009年。

経営を科学する

2024年4月10日　第1版第1刷発行

著　者　大平　義隆

発行者　田中　千津子

発行所　株式会社　学文社

〒153-0064　東京都目黒区下目黒3-6-1
電話　03（3715）1501（代）
FAX　03（3715）2012
https://gakubunsha.com

印刷　新灯印刷

Printed in Japan

ISBN 978-4-7620-3337-7